歴史文化ライブラリー

340

江戸の政権交代と武家屋敷

岩本 馨

目　次

〔凡例〕

一、「幕府」や「藩」は近世では一般的に用いられた言葉ではなかったが、本書ではわかりやすさを優先して使用している。藩名については原則として居城（陣屋）所在地にもとづき表記した（名古屋藩、和歌山藩など）。

一、近世の人名のあり方は現在と比べてはるかに複雑であるが、本書では原則として「苗字―諱」で表記した。ただし諱が不明な場合は通称で、学者や文人などは号で表記した場合がある。

一、人物の年齢は原則として数え年で表記した。

一、日付は原則として和暦で表記し、括弧内に和暦年と対応する西暦年を併記した。換算にあたって月日のズレは考慮していないので西暦の年数はあくまで目安である。

一、人名、役職、地名などに付された尊敬の接頭語・接尾語は原則として省略した。

一、本書全体で使用する史料については以下のように略記した。
『江戸幕府日記』＝『日記』、『徳川実紀』＝『実紀』、『続徳川実紀』＝『続実紀』、『寛政重修諸家譜』＝『寛政譜』、「屋敷渡預絵図証文」＝「屋敷証文」

一、章扉の写真はすべて筆者の撮影である。

拝領の時代――プロローグ

1　拝領の時代

望月には、欠けていく予感がただよう。

永遠に続く春はない。『平家物語』のかの有名な序文を持ち出すまでもなく、世界中ではるかな昔から数え切れないほどの闘争が繰り返され、そして政権が交代するたびに、昨日までの勝者は一転して敗者となり、風の前の塵のように吹き飛ばされてきた。現代世界に目をやっても、国家や民族の関係から、国内の与党と野党の関係、身近なところでは会社や学校での派閥やグループの関係にいたるまで、主導権をめぐる争いとそれにともなう「政権交代」はそこかしこで出来している。

だから歴史は繰り返す、人間とはかくも愚かなものだ、などと論じるのは容易であるが、安易でもある。むしろ大事なことは、一見繰り返しのようにも映る政権交代をめぐる動きをしっかりと検討し、何が変わらず何が変わったのか、現象の背後にある意味を見極めることではないか。

いま背後の意味と書いたが、近世における政権交代には空間史の問題が見え隠れしているというと、どこか唐突に聞こえるかもしれない。空間史というのは、建築や都市施設をはじめ、人間をとりまく物理的な環境の広がり＝空間のあり方を歴史的に考察し、また空間の視点から社会のあり方を捉え直そうとする方法であるが、それが近世の政権交代という、これまでは専ら政治史の分野で検討されてきた問題とどのように関係するのだろうか。そのことの意味について本書のはじめに少しふれておきたい。

この時代の政権の担い手は、言うまでもなく武士である。武士の登場は遠く十世紀にまで遡るが、当初の武士は在地に拠点をおいて所領の経営を行う一方で、主君の本拠地に宿営して軍役（軍事的負担）を果たしていた（石井進『鎌倉武士の実像』）。そうしたあり方が大きく変わっていくのは十六世紀の終わりごろからで、兵農分離の進展によって武士たちは在地から切り離されて、新たに主君の城を中心として形成された都市＝城下町の特定区域に集住することになる。こうして形成されたのが武家地である。

都市民となった武士たちは主君から屋敷を与えられた。当時の言葉では屋敷を「拝領」するといった。拝領という言葉自体の意味は「目上の人、身分の高い人から物をいただくこと」（『日本国語大辞典』）であり、それゆえ屋敷拝領とは屋敷をいただくこと、つまり宅地所有権を与えられることであると考えてしまいがちであるが、これは正確ではない。屋敷はあくまで主君への「奉公」に対する「御恩」であったから、その「奉公」のあり方が主君の意にそわなければ拝領者の意思に反して強制的に返上（これを上地（あげち）という）・移転させられることもしばしばあった。したがって拝領屋敷は完全な意味で「自分のもの」であったわけではない。

また一方で、拝領屋敷とは官舎のようなものと説明されることもあるが、これも誤解を招きやすい喩（たと）えである。拝領屋敷への居住には家賃も土地代もかからないし（それゆえ借家・借地とは異なる）、また都市内に点在して設けられるのではなく、都市全体に面的に広がっているからである。

この都市全体への展開ということに注意したい。都市の武家地にはさまざまな「場所」がある。一般的には城に近いところ、居住条件の良好な土地が好まれる傾向にあるが、それ以外にもさまざまな由緒や物語によって場所はそれぞれ固有の価値をもつようになる。とくに幕府所在地である江戸は広く、場所の意味は幾重にも層をなしている。

しかし先に述べたように、拝領とは宅地所有権を得ることではないから、望みの場所を得られるかどうかは主君（江戸の場合は将軍—幕府）と武士との関係にもとづいて決まる。

鍵を握っているのは政権を担う側であり、敗者はあえなく排除される。したがって城下町での武家屋敷のあり方は、武士たち相互の関係のあり方の表れと言い換えることもできる。

江戸の都市図を眺めてみると、そこに描かれる数々の大名や旗本・御家人（幕臣のうち一万石以上を大名といい、一万石未満で将軍に謁見できる御目見以上〈おおむね二〇〇石以上〉を旗本、以下を御家人という）の屋敷はそれぞれ先祖から子孫へ、近世を通してずっと継承されてきたように見えるかもしれない。しかし実際に時間を追って仔細に観察するならば、それは決して静態的な空間ではないことがわかってくる。たとえるならば、それは「あやとり」のようなものである。個々の拝領屋敷を「指」とし、拝領者と幕府との関係を「紐」とするならば、指への紐の絡まり方が変わることで、あらわれる形も千変万化する。そしてそれをもたらす大きなきっかけとなるのが、将軍の代替わりや老中の更迭といった、いわゆる政権交代であった。この問題が空間史と関わるというのはそういう意味であり、またそこから浮かび上がってくるのは、武士にとって都市に住まうとはどういうことかという、もう一つの問題なのである。

以上のことをふまえて、本書では徳川幕府時代（慶長八年〈一六〇三〉〜慶応三年〈一八六七〉）の主要な政権交代を取り上げ、その時々に出世あるいは没落した幕臣たちの拝領屋敷の移動を追い、またそうした動きが全体として武家地の空間構造を、あるいは武士にとっての屋敷のあり方をどのように変えていったかについて考えていきたい。主要な舞台はむろん江戸であるが、徳川家とも関係の深い駿府（静岡の旧称）や甲府、和歌山などの武家地の動向も江戸の政局と無縁ではないから、とらえるべき「あやとり」の形は単一の都市をこえた広がりをもっている。文中に登場する全国各地の地名については可能な限り現住所との比定を行っているので、お手元に地図をご用意のうえお読みいただければ幸いである。

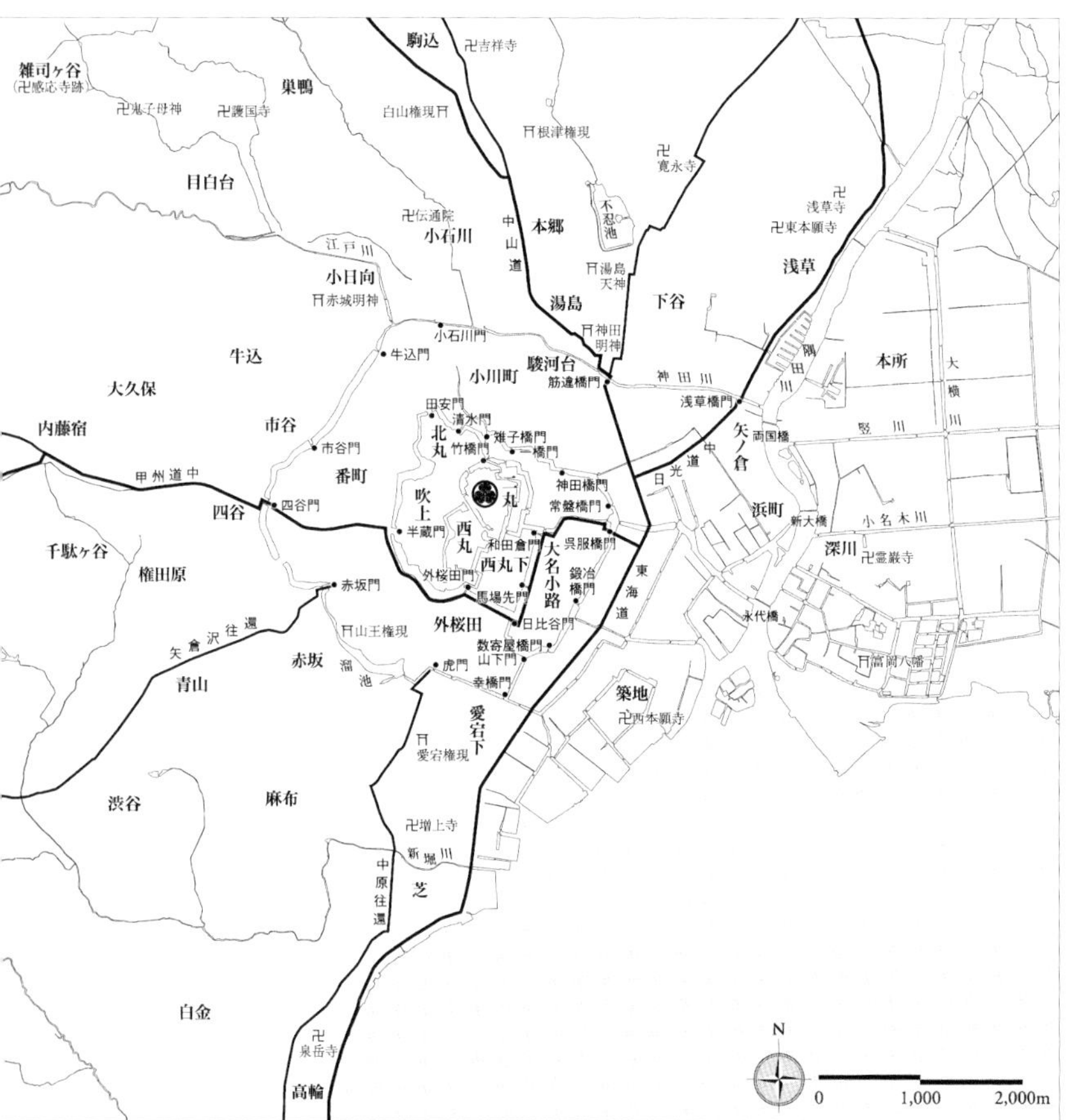

江戸全図

生まれながらには

かつての西丸下から大名小路を望む

江戸の黎明

家光の生まれたころ

誰が言い出したか、三代将軍徳川家光は「生まれながらの将軍」などと呼ばれることがある。調べたところでは、どうやらその呼び名のおこりは元文三年（一七三八）成立の『武林隠見録』という幕府の逸話集の一話にあるらしい。それによると、家光は治世のはじめに（父秀忠が薨去した寛永九年〈一六三二〉のことか）国持大名を全員呼び寄せてこう言ったという。

「大神君（家康）の天下ご草創はそなたたちの助力をもって平定におよび、台徳公（秀忠）も同じくそなたたちの同僚であったから、客分として丁寧に遇され、参勤のさいも品川・千住まで上使を差し出されてきた。しかし予の代に及んでは生まれながらの天下（の主）であり、今まで二代の格式とは異なる。今後はそなたたちも譜代大名と同じ予の家臣であり、よって扱いも家来同様とするつもりなので、そのように心得よ。もし納得できないことがあればいかようにも所存があろう。国元に戻って三年まではは滞在していてもよいから、その間にとくと考え、思い立つことがあれば好きにするがよい」

堂々たる宣言である。内閣文庫所蔵の写本では「生所なからの天下」という原文が朱書で「生れなからの天下の主」と訂正されており、若干ニュアンスが変わっているが、エピソード自体の虚実はともかく、現実に家光が誕生した慶長九年（一六〇四）七月十七日のころの情勢を考えてみると、果たして「生まれながらの」と言えるような環境であったかどうかは疑問が残る。

このときの将軍は父秀忠ではなく、祖父の家康である。しかも家光が江戸城（現千代田区千代田）で産声をあげたとき、この将軍は伏見城（現京都市伏見区桃山町）を拠点としていた。家康は慶長八年二月十二日から十年四月十六日までの約二七ヵ月の間将軍の座にあったが、そのうち江戸城にいた時期は三分の一程度にすぎず、政務は主として伏見城で行われていた。むろん、その背景には大坂城（現大阪市中央区大阪城）の羽柴秀頼の存在がある。

慶長九年時点での秀頼は十二歳ながら、前年には家康の後を承けて内大臣に昇進していた。それ以前の地位の権大納言は秀忠に受け継がれているから、官位のうえでは秀頼は家康と秀忠の間にあった。「太閤の遺児」秀頼の権威はなお無視できないものがあり、徳川家は当時最大の実力を有していたとはいえ、その天下は未だ自明ではなかった。家康はこのとき六十二歳、秀頼には彼にはない若さがある。それだからこそ、翌慶長十年に家康は早くも将軍職を秀忠に譲ってこれが徳川家の世襲であることを天下に示さねばならなかったのである（山本博文「統一政権の登場と江戸幕府の成立」）。

将軍職を世襲させていくうえでは、家光の誕生は徳川家にとって吉報であった。秀忠の長男長丸は慶長七年九月二十五日に二歳で夭逝していたので、この時点では秀忠の唯一の男子である。家康が彼を自分の幼名と同じ竹千代と名づけたのは、将軍をまずは秀忠に、そしてその後はこの孫にという構想を抱いていたことの表れであろう。しかしその約束の将来への道のりは必ずしも平坦ではなかったのだが、そのことについては後でふれる。

途上としての江戸

このころの江戸という城下町はどのような状況であったか。かつては『岩淵夜話別集』などをもとに、家康が天正十八年（一五九〇）に移されたころの江戸は荒涼とした原野であったといわれたが、最近の研究の結果、それは家康の偉大さを強調するために語られたもので、実際には中世段階から江戸は武蔵国東部の要地の一つであったことがわかってきている（岡野友彦『家康はなぜ江戸を選んだか』）。

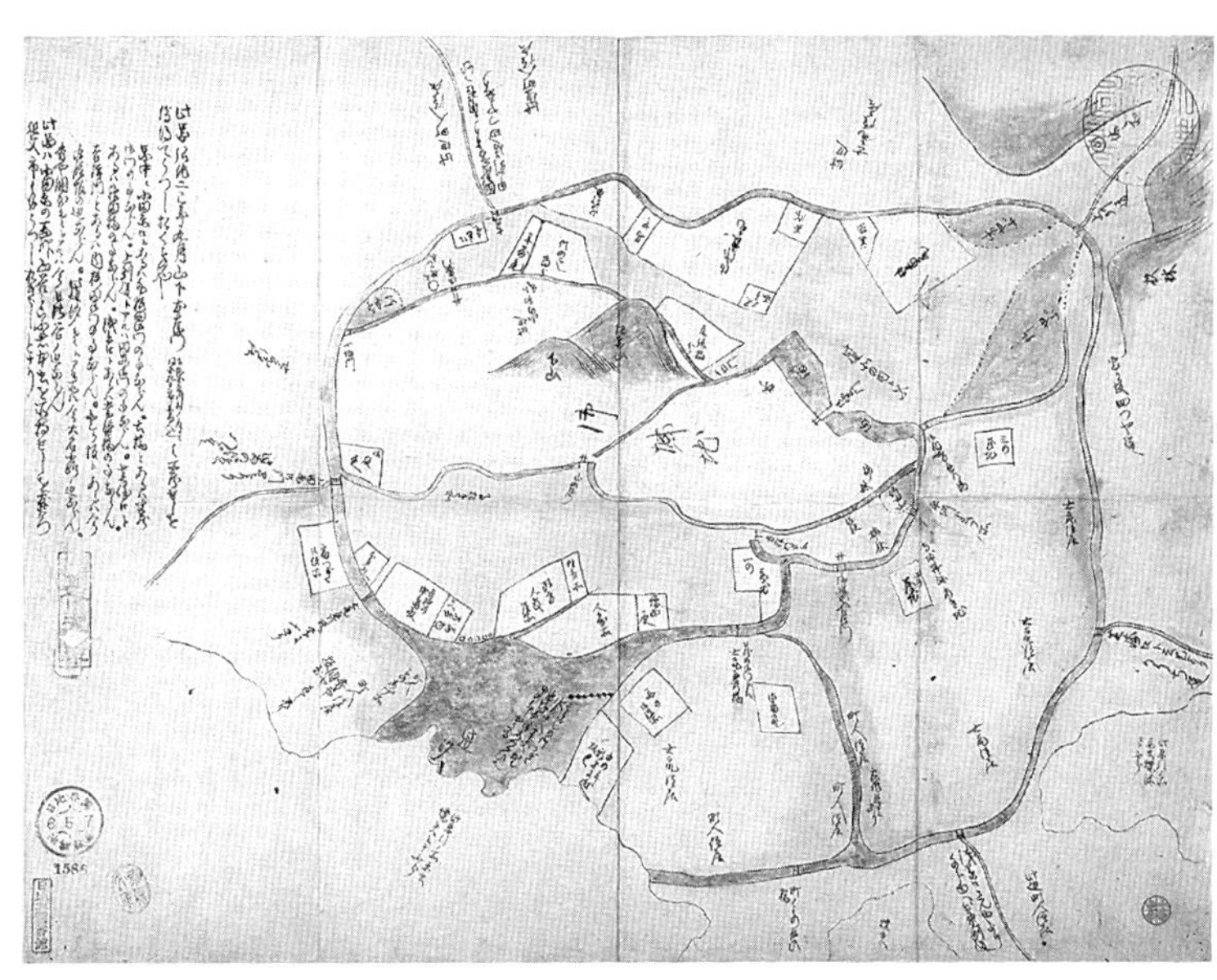

「別本慶長江戸図」（東京都立中央図書館特別文庫室所蔵）

家康入国後の江戸はそうした中世来の達成のうえに建設されていったが、慶長五年（一六〇〇）の関ケ原の戦いの結果家康が当座の覇権を握ると、これからの政権の拠点としていっそうの大規模な改造が求められることとなった。

　こうした大工事に着手される直前と思われる図が、弘化二年（一八四五）九月の写しではあるものの、都立中央図書館所蔵の「別本慶長江戸図」として残っている。これは現存するなかで信頼できる最古の江戸の景観を描いたものと考えられ（飯田龍一・俵元昭『江戸図の歴史』）、慶長五年末から八年初頭ごろまでの江戸城周辺の景観を示す貴重な史料といえる（同図を収録する『古板江戸図集成』では「慶長七年江戸図」としているが、根拠は必ずしも十分ではない）。

これを見ると、江戸城の東部に入江が深く入り込んでいるのが目を惹く。これは日比谷入江と呼ばれ、その北端は現在の東京駅あたりまできていたというが、十六世紀末ごろからしだいに埋め立てられ、最終的に慶長八年三月からの大工事で切り崩された神田山の土砂によって消滅したという（『慶長見聞集』）。神田山というのは江戸城東部の丘陵のことで、現在も地下鉄淡路町駅北側の不自然な等高線にその痕跡を見ることができる。

また江戸城附近には「紅葉山」「下山」と書かれた山の描写が見えるが、これは現在の皇居吹上御苑にあたる。当時の吹上は標高二〇メートルを超える台地上にあり、東側は斜面状の地形をなしていたが、のちにこれを大規模に削って雛壇状に盛り土をし、本丸・二丸・三丸などの郭の造成がなされたことが発掘調査によって判明している（『新編千代田区史』通史編）。ただし本丸御殿造営をはじめとする江戸城の改造工事が始まるのは慶長十一年からであるから、家光が誕生した段階では未だ中世の名残をとどめる状況であったのかもしれない。江戸はなお発展途上の都市であった。

慶長十三年ごろの江戸中心部

江戸城下に誰がどこに屋敷を拝領したかが具体的に明らかになる図はこれより少し後のものになる「慶長江戸絵図」（都立中央図書館所蔵）である。この図についての考証として早くも文化十二年（一八一五）に中神守節が『慶長年間江戸図考』を出版し、記載されている人名の検討から慶長十三年（一六〇八）の江戸を描いたものとの推定を行っており、その後『古板江戸図集成』などもこれにしたがっている。実際には官職の叙任や家督の継承は必ずしも即座に絵図に反映されるとは限らないので一定の留保は必要だが、おおむね慶長十三年ごろの状況を描いたものとして誤りないだろう。

なお、同図はこの時代では珍しい実測図であるために、これまで後年の作図であるという説が出されていたが（前掲『古板江戸図集成』『江戸図の歴史』など）、城絵図の一種と考えれば同時代の作成もありえるとする見解も出されており（黒田日出男『江戸図屏風の謎を解く』）、今後詳細な検討が求められる。

以上の点をふまえて絵図の内容を見てみよう。描写は江戸城曲輪内と呼ばれる範囲に限定され、残念ながら当時の城下の全体像はわからない。図は西を上にして描かれ（江戸城は東側を正面＝大手とするので、近世の江戸図の大半は同様の構図をとる）、中央よりやや上部にあるのが本丸と西丸である。前者は将軍秀忠の居所、後者は大御所家康の江戸滞在

「慶長江戸絵図」(東京都立中央図書館特別文庫室所蔵)

時の居所とされていた。

本丸の東に続いては二丸、三丸がある（現千代田区千代田）。三丸には年寄の本多正純（下野小山三万三〇〇〇石）や青山成重（下総飯田一万石）ら重臣のほか、当時世嗣の身ながらすでに大名となっていた、のちの筆頭年寄酒井忠世（上野・近江国内一万五〇〇〇石）らの名前が見える。

その南側、西丸に接する一郭は西丸下と呼ばれる地域で（現同区皇居外苑）、ここも井伊直勝（近江彦根一八万石）、鳥居忠政（陸奥磐城平一二万石）、本多忠勝（伊勢桑名一〇万石）、榊原康勝（上野館林一〇万石）、大久保忠隣（相模小田原六万五〇〇〇石）ら、譜代の大物たちが名を連ねる。外様大名で名前が見えるのは里見忠義（安房館山一二万石）ただ一人であるが、早くも慶長十九年には改易になっている。

対照的なのはその東側の大名小路である（現同区丸の内一・二丁目、八重洲一・二丁目、有楽町一・二丁目）。こちらは西丸下とは逆に、蒲生秀行（陸奥会津若松六〇万石）、黒田長政（筑前福岡五二万三〇〇〇石余）、池田輝政（播磨姫路五二万石）、福島正則（安芸広島四九万八二二〇石余）、堀忠俊（越後春日山四五万石）、浅野幸長（紀伊和歌山三七万六五六〇石余）、山内忠義（土佐高知二〇万二六〇〇石）、森忠政（美作津山一八万六五〇〇石余）、蜂須賀家政（阿波徳島一七万三〇〇〇石）、京極高知（丹後宮津一二万三二〇〇石）、寺沢広高

（肥前唐津一二万石）といった全国の有力外様大名が名を連ねている。このうち蒲生秀行・池田輝政・福島正則・森忠政は絵図上では「羽柴」姓で記載されており、当時なお大坂方の影響力が残っていたことがわかる。

この大名小路は先述のようにかつての日比谷入江を埋め立ててつくられたから、その土壌は湿り気を多く含んでいたと考えられる。実際、南東部に相当する丸の内三丁目遺跡（現国際フォーラム敷地）から、通常の土壌であったら腐ってしまうような木製遺物が多数発掘されたこともそのことを示唆しよう（『丸の内三丁目遺跡』）。

こうした点を考えると大名小路一帯は居住環境としてはあまり良好ではなかったというべきだが、ただ外様大名の屋敷の多さを幕府側の差別的待遇の表れとみることは短絡的かもしれない。当時は参勤交代も制度化されておらず、外様大名が江戸に屋敷を構えることは自主性に任せられている段階であった。外様大名で家族をいち早く人質として江戸に送った人物としては慶長元年の藤堂高虎（伊予板島七万石、『高山公実録』）、同五年の前田利長（加賀金沢八三万五〇〇〇石）らが知られているが、彼らの屋敷は神田橋門内、つまりかつての入江よりも北側に位置している（現千代田区大手町一丁目）。したがって大名小路への外様大名屋敷の集中は彼らの江戸進出が後発的であったことの表れとしてみるべきと思われる。

駿府は「首都」か

この絵図の中央には江戸城本丸が描かれているが、慶長十三年（一六〇八）ごろの主は二代将軍徳川秀忠に代わっている。この時点で五歳の竹千代は本丸大奥で養育されていたが、もう一人、二歳年少の国松（のちの徳川忠長）が血を分けた弟として加わっていた。竹千代は三歳のときに大病を患うなど（「東照大権現祝詞」）幼少時より虚弱であり、この年に国松が生まれたこともあって継嗣の座は揺らぎ始めた。

家康は慶長十年四月十六日に将軍の座を退き、それから二年ほどは伏見城と江戸城を交互に居所としていたが、かつて幼少期を過ごした駿河国府中（駿府）城（現静岡市葵区駿府公園）を隠居所と定め、慶長十二年二月十七日より諸大名を動員しての大規模な工事に着手させ（『家忠日記』）、七月三日には本丸に入っている（『当代記』）。以後「大御所」家康は晩年のほとんどの時間を駿府城にて過ごし、一般に江戸の将軍秀忠との二元政治が展開されることになったといわれる。

むろん政治の主導権は家康の側にあった。彼のもとには本多正純などの側近、崇伝や天海、林信勝（号羅山）などの僧・学者、茶屋清次（四郎次郎）や後藤光次（庄三郎）などの豪商、大久保長安や伊奈忠次などの代官頭、そして外交顧問のウィリアム・アダムス（三浦按針、イギリス人）およびヤン＝ヨーステン・ファン・ローデンスタイン（耶揚子、オランダ人）といった面々が集結して政権運営にあたっており、それゆえこの時期には「政治・軍事・外交とも駿府が最高の政府」（山本前掲）で、大御所権力は将軍さえも内部機関として包含するものであったともいわれる（辻達也『江戸幕府政治史研究』）。ではそうすると当時の幕府の「首都」は駿府であったとするべきなのか。

家康が駿府に移った二年後にあたる慶長十四年の終わりごろ、ロドリゴ・デ・ビベロ・イ・ベラスコというスペイン人の一行が城下を訪れている。彼の記録（『ドン・ロドリゴ日本見聞録』村上直次郎訳）では家康を「皇帝」、秀忠を「太子」とし、「太子は其父に謀ることなくしては何事も処置せざりし」と、当時の力関係をしっかりと観察しているが、一方で城や城下町は江戸の方が壮麗であるとも述べている。彼が記している江戸一五万人、駿府一二万人（別の箇所では一〇万人）という人口が何を典拠としているかは不明であるが、彼はその後訪れた京都・大坂・堺の人口をそれぞれ三〇～四〇万人、二〇万人、八万人超とし、近い時期の統計と比較してもおおむね妥当な数字を挙げているので、さほど誇張された数字でもなさそうである。

しかし江戸と駿府とでは、人口の差以上に大きな違いがあった。それは外様大名の屋敷の有無である。国内最大規模の城下町と全国の武家政権の「首都」とを分けるのは、古くからの味方である家臣団＝譜代大名・旗本だけでなく、かつての敵で、ともすると今後敵ともなりうる大名＝外様大名の集住を実現できているかという点にかかっている（横田冬彦「近世武家政権と首都」）。先に見たように、江戸では段階的ながらもそれが進められてきていた。しかし駿府では、諸大名の拝謁はたびたび見られるものの、城下町に屋敷を構えたことが史料上確認できる外様大名は、家康から深く信頼され譜代の側近並みに扱われていた藤堂高虎（伊勢安濃津二二万石）ただ一人にすぎない（『高山公実録』ほか）。

豊臣政権の場合はそうではなかった。天正十九年（一五九一）、京都聚楽第を本拠としていた羽柴秀吉は関白の座を甥の秀次に譲り、自らは隠居所として築城した伏見城に移った。ここまでは江戸と駿府との関係によく似ている（いみじくも先のロドリゴは家康のことを「皇帝太閤様 Taycosama」と誤解していた）が、しかしほどなく外様を含む諸大名はそれまでの京都だけでなく伏見にも屋敷を構えるようになり、いわば「首都」の二重化が進展してしまったのである（横田前掲）。その結果もたらされたのは秀次の処刑と聚楽第の破却という悲劇であった。

この事件が豊臣政権の基盤を脆弱化したことをよく知っている家康としては、その轍を踏むわけにはいかなかった。幕府の実質的な権力は自らが握りながらも、あくまで空間編制を含めた形式としては江戸の中央性を保持しようとしたのはそういう理由によるものであろう。このあたり、家康は実に手堅い。

近世初期の武家屋敷の状況については断片的にしか情報が残っていない。先に見た慶長十三年（一六〇八）ごろの「慶長江戸之図」以降、後で検討するいわゆる寛永江戸図の登場まで、江戸図の歴史には二〇年以上の空白がある。しかしその間にも時代は大きく動いていた。

家康の総仕上げ

駿府の家康は自分が健在なうちに政権の基盤を確実なものとしようと、じわじわと大坂方を追い詰めていった。慶長十六年、家康は政仁親王の即位（後水尾天皇）のため上洛したが、これを機に三月二十八日についに秀頼を二条城（現京都市中京区二条城町）に呼び寄せ、また四月十二日には西国の有力諸大名に将軍家に対する三ヵ条の誓約に署名させることに成功する。これにより秀頼の権威は相対化され、西国大名との関係も巧みに断ち切られていった。こうして布石を重ねてきた最後の仕上げであるかのように、慶長十九年十月二十三日、家康は京都方広寺（現京都市東山区茶屋町）の鐘銘が徳川に対する呪詛であるということを口実として大坂城に向けて出陣する。もはや両者の力の差は明らかであり、二度にわたる戦争の末、翌年五月八日に秀頼は母茶々（淀）らとともに自害し、豊臣政権は完全に滅んだ。

戦後の七月七日、伏見城に諸大名が集められて武家諸法度が発布され、ついで七月十三日、年号が元和と改められた。名実ともに新しい時代の到来である。家康はいよいよ本格的な隠居を考えていたようで、十二月には柿田川の豊富な湧水で知られる駿河国泉頭（現静岡県駿東郡清水町伏見）を候補地として検討を始めている。この計画は財政上の問題や駿府の家臣団の反対もあり、翌年には駿府城二丸内に変更されたようであるが（大嶌聖子「徳川家康の隠居」）、実現には至らなかった。

秀忠の後継者決定もこの動きと並行して行われたようである。慶長九年生まれの秀忠二男竹千代は慶長末年にいたっても二歳年少の三男国松と同格に扱われていたようで、未だ跡継ぎの立場にはなかった。竹千代の幼少時からの虚弱さが不安視されていたのだろうか。なお最近、竹千代が秀忠正室の江（江与）の実子ではなかったことも問題を難しくした一因であったとする説も出されているが（福田千鶴『江の生涯』、『徳川秀忠』）、今のところ状況証拠からの推理にとどまっており、今後の史料発掘が俟たれる。

この秀忠継嗣の問題が解決したのは、諸史料から判断すると元和元年（一六一五）末ごろのことであったという（藤井譲治『徳川家光』）。徳川家の天下にこの先不安が生じるとすればお家騒動の勃発であり、その芽は摘んでおかねばならない。家康としては自分が健在のうちに人々の思惑が介在しにくい長子継承という基準を明確にしようとしたのであろう。こうしてようやく竹千代の継嗣が決定される。

家康には元和二年五月に上洛し、その後竹千代を呼んで元服をさせるという計画があったようであるが（大嶌前掲）、それが実現する前の正月二十七日、家康は病に倒れた。俗に鯛の天麩羅に中毒したとも伝えられるが、どうやら胃癌であったらしい（服部敏良『江戸時代医学史の研究』）。明確な症状が現れたときにはかなり進行していたのだろう、これ以後急速に衰弱した家康は、三ヵ月後の四月十七日、駿府城でその波瀾に満ちた生涯を閉じた。享年七十五。死後彼は「東照大権現（とうしょうだいごんげん）」という神として祀られたが、寸前で自らの将来を祝福された竹千代にとっては文字どおりの神様と実感されるものであったと思われる。長じた家光は生涯、東照宮への信仰を忘れなかった。

忠長の影

駿府から駿河台へ

家康の死により、駿府在住の幕臣たちの主人は江戸の秀忠に代わった。彼らの多くは駿府のみに屋敷があったとみられ、彼らが江戸に移るにあたっては新たに屋敷地を形成する必要があった。崇伝は細川忠興（豊前小倉三九万九〇〇〇石）に宛てた元和二年（一六一六）五月二十一日付の書状のなかで、

「駿府より参られた人々はみなお屋敷を下賜されるということで、神田台の川を吉祥寺の際へ掘り替えて、玄蕃殿（細川興元、下野茂木一万石）、立左近殿（立花宗茂、陸奥棚倉三万石）などの（屋敷）後方の堤を均し、みな屋敷とするようにとの指令がありました」

と述べている（『本光国師日記』）。「神田台の川」というのは江戸開府のころ平川と呼ばれ

た川で、落合方面から現在の飯田橋、一橋附近を経て南東に流れて江戸湾に注いでいた。それをこのときの工事で神田台を切り崩して現飯田橋から東に流路を変え、隅田川に注ぐようにしたのである。これが現在の神田川にあたる。分岐点附近の平川は埋め立てられ、下流部と縁が切られた（明治三十六年〈一九〇三〉に再度開削され、現日本橋川となる）。

この工事は江戸城の水害防止、外堀の形成、新たな武家地の造成を同時に満たそうとするもので、この新地がやがて駿河台と呼ばれるようになったのも、駿府からの移住者への屋敷提供と関連するものであろう。駿河台の全体を描いた図は今のところ寛永十九～二十年（一六四二～四三）ごろの状況の図とみられる「寛永江戸全図」が最も古いが、ここに記される人名を『寛政譜』で確認すると、本人または先代が慶長のころ家康附きであった幕臣も何人か確認されるので、この推測もある程度裏づけられる。

崇伝の屋敷拝領

崇伝自身も駿府で家康に近侍していた身で、彼は吹上に屋敷を拝領した。『本光国師日記』を見ると、崇伝の屋敷拝領の話は前年十二月から出ていたようである。先の隠居計画も含め、駿府政権の幕引きは家康存命当時から計画されつつあったのだろう。

秀忠附きの年寄土井利勝（下総佐倉四万五〇〇〇石）から最初に提案されたのは竹橋門内の屋敷であった（現千代田区北の丸公園）。ここはもと駿河沼津藩主大久保忠佐（二万石）

の屋敷であったが、慶長十八年（一六一三）九月二十七日に死去し、跡継ぎがなく絶家となっていたところであった。しかし崇伝としては南寄りの屋敷を希望しており、可能であれば西丸下の旧里見忠義屋敷を拝領したいと希望している。先に見たとおり、ここは西丸下で唯一の外様大名屋敷であったが、忠義は慶長十九年九月九日に改易となっていた。彼は正室に年寄大久保忠隣の孫娘を迎えて自らの地位の安泰をはかっていたが、これが裏目に出て、同年に忠隣が失脚したことで巻き添えにされたのである。この話がどうなったかは不明であるが、どうやら別の拝領者に決したのだろう。

その後候補地として道三堀（どうさんぼり）の空き屋敷があがりもしたが、こちらは敷地規模に問題があり、結局最終的に拝領地に決まったのは吹上の旧大久保長安屋敷であった（現同区千代田）。長安は全国の金銀山を統轄した能吏（のうり）で大きな権勢をふるっていたが、慶長十八年四月二十五日に死去し、その後生前の「不正」のかどで長安の一族は根絶やしにされた。その空き屋敷に工事を加え、崇伝の住居に改造することになったのである。

崇伝は僧侶ではあるが、このときの経緯の検討から初期の武家屋敷拝領について以下のような実態を想像することが可能だろう。第一に屋敷の場所は、少なくとも要人に対しては一方的に幕府から割り当てられるのではなく、幕府と拝領者との間で一定の調整が行われていたであろうということ、第二に場所選びには江戸城との距離、敷地の規模、敷地条件などが主な検討材料になっていたこと、第三に要地にある屋敷の拝領者の交代には前拝領者の失脚や改易などの立場の変動がしばしば関わっていたことである。以上の点は、その後整備されていく屋敷拝領のシステムのなかにも受け継がれていくことになる。

家門の移動

二元政治の終了は駿府詰めの幕臣だけでなく、家康の子供の移動をももたらした。家康は子孫を残すことにも熱心で、一生で十一男五女をもうけたが、彼の臨終のさいに健在であったのは長女盛徳院（奥平信昌後室）、三男秀忠、三女振（浅野長晟室）、六男松平忠輝、九男徳川義利（のちの義直）、十男徳川頼将（のちの頼宣）、十一男の松平頼房である。このうち盛徳院と振はそれぞれ嫁ぎ先の美濃加納城（現岐阜市加納丸の内）、紀伊和歌山城（現和歌山市一番丁）にあり、「越後少将」忠輝は江戸城大手門に近い龍口に屋敷を構えていた（現千代田区大手町一丁目・丸の内一丁目）。一方一歳違いの義利・頼将・頼房の三兄弟は関ヶ原の戦い後に生まれ、その後三人とも領地を与えられて形式的には大名となるが（ただし頼房は同母兄頼将の分家として家を興している）、彼ら自身は駿府城下にて父家康のもとで育てられていた。

家康死後最初の大きな動きは忠輝の改易であった。長沢松平家を嗣いでいた忠輝は慶長十五年（一六一〇）には越後福島六〇万石（諸説あり）の藩主にまで取り立てられていたが（その後慶長十九年に高田城〈現上越市本城町〉を築き本拠地移転）、父家康との折り合いは悪かったようで、元和元年（一六一五）九月ごろには勘当を言い渡されるほどであった（『駿府記』）。忠輝は赦免を願ったものの容れられることはなく、家康死後間もない元和二年七月六日に改易処分が下り、伊勢国金剛証寺（現伊勢市朝熊町岳）に流された。理由として秀忠家臣の無礼討ちなどの行為が挙げられてはいるが、実際には将軍秀忠にとっての潜在的脅威を除くことが目的だったのだろう。忠輝の正室五郎八の父は陸奥仙台六二万石の主伊達政宗であり、それまで忠輝がこの外様の大物からさまざまな援助を受けていたことも余計な憶測を招いてしまったのかもしれない。

一方、駿府にいた三兄弟のうち、義利は元和二年七月に駿府を引き払い、居城の尾張名古屋城（現名古屋市中区本丸一丁目）に移り（『編年大略』ほか）、同年九月には江戸屋敷を吹上の地に得ている（『尾君御系譜』ほか、た

家康臨終時の徳川・松平家略系図
（丸数字は年齢、灰字は故人を示す）

- 大御所 家康（75）
  - 岡崎 信康
  - 北庄1 秀康
    - 北庄2 忠直㉒ ― 北庄世嗣 仙千代（光長）②
    - 下妻 忠昌⑲
  - 将軍2 秀忠㊳
    - 竹千代（家光）⑬
    - 国千代（忠長）⑪
    - 幸松（保科正之）⑥
  - 清洲 忠吉
  - 水戸 信吉
  - 高田 忠輝㉕ ― 高田世嗣 徳千代②
  - 名古屋 義利（義直）⑯
  - 駿府 頼将（頼宣）⑮
  - 水戸 頼房⑭

だし拝領時期には異説あり）。常陸水戸二五万石の頼房も同じ月にやはり吹上の地に屋敷を拝領したようで（『水戸紀年』ほか）、駿府から江戸に移ったのであろう。頼将は慶長十四年に名目上であれ駿府五〇万石を得ていたから、環境の変化はほかの兄弟よりは少なかったとみられるが、江戸での拠点としてやはり吹上に屋敷を拝領したようである。『元和年録』はその時期を元和四年二月とするが、他の二人と同じく元和二年九月に拝領したとする史料もあり（「御屋敷吟味年順頭書」ほか）、正確な年月ははっきりしない。なお屋敷の造営には時間がかかったようで、竣工前に江戸に参勤したさいには西丸下の大名屋敷に寄宿していたという（以上の考証については渋谷葉子「幕藩体制の形成過程と大名江戸藩邸」に詳しい）。

こうした一連の動きの最後として、元和五年七月十九日には頼将に紀伊和歌山への転封が発令され、彼の駿府からの退去をもって家康の駿府政権の後始末はようやく完了する。のちの「御三家」となる名古屋藩・和歌山藩・水戸藩の三藩はここに出揃い、江戸屋敷も吹上の地に揃って甍を並べるに至ったが、後で述べるとおり、その枠組みはなおこの時点では不確定なものであった。

忠長と駿府

将軍職が世襲されている以上、徳川家としては万が一宗家の血が途絶えたときに跡継ぎを用意できるような仕組みをつくっておくことは不可避であった。家康の実子で、のちの「御三家」の祖になる三兄弟はそうした役割を期待されていたと考えられるが、将軍秀忠にはもう一人の近親がいた。三男の国千代（慶長末ごろ国松から改名）である。

元和元年（一六一五）末に二男竹千代が秀忠の世子に決定した段階で、国千代には新たな道が用意された。まず翌年九月十三日、彼は甲斐府中（甲府）一八万石の所領を与えられ、形式のうえでは大名となる（『幕府祚胤伝』）。このとき甲斐谷村城（現都留市上谷一丁目）主であった鳥居成次（三万五〇〇〇石に加増）が家老として附けられている（『寛政譜』）。『幕府祚胤伝』はさらに元和四年十二月十五日に甲斐一円を与えられて従四位下左少将に任じられたとするが、後者については元服前のことであるので疑わしい。

その元服は元和六年九月ごろに兄竹千代とともに行われたとみられる。諱は崇伝が選定し、竹千代は家光（初案は「家忠」）、国千代は忠長と名乗ることとなった（『本光国師日記』）。この年の正月十二日に崇伝のもとに国千代屋敷作事始めの吉日について問い合わせがきているので（同右）、このころまでに国千代は江戸城下に屋敷を拝領していたことがわかる。場所は吹上の地、崇伝屋敷の北側である。工事には二年ほどを要し、竣工した仮御殿に移ったのは元和八年三月十八日であった（同右）。

忠長への加増はなお続く。元和八年九月二十七日には信濃小諸領七万石を加えられ、石高は三〇万七〇〇〇石となった。すでにこの時点で叔父の頼房の二五万石（十月二十五日に二八万石に加増）をしのぎ、翌年七月二十七日には従三位権中納言に昇進したことで官位の面でも上回り（頼房は正四位下参議）、甲府中納言と呼ばれることとなった。このころの秀忠は頼房よりも忠長を「御三家」の一人に位置づけようとしていたともいわれる（小山譽城『徳川御三家付家老の研究』）。実際、頼房が徳川姓を与えられ、兄頼宣の分家としての立場を名実ともに脱するのは忠長改易後の寛永十三年七月のことであった（『南紀徳川史』）。

元和九年七月二十七日、秀忠は将軍職を家光に譲る。大御所となった秀忠は家康に倣って駿府に移ることを考えていたようだが、家光に懸念を表明され、相模小田原藩主阿部正次を武蔵岩槻五万五〇〇〇石に加増転封し、空いた小田原城（現小田原市城内）に隠居先として入ることとした（『細川家史料』、藤井前掲）。この方針転換で運命が変わったのは忠長であった。改元された翌寛永元年（一六二四）八月十一日、忠長は駿河・遠江両国で加増をうけて計五〇万石となり（『東武実録』は五五万石とする）、駿府城主となったのである。将軍争いには敗れたとはいえ、本来大御所が入るはずだったこの由緒ある地を手にした忠長はどのような心境であったか。こうした大きな加増を受けた場合、大名の側はお礼の祝儀を献上することが例とされていたが、不思議なことにこのとき忠長からはそのような話が出なかったという（『細川家史料』）。加増は当然であり、まだ不足とさえ考えていたのだろうか。陥穽はつねに絶頂期のなかに兆している。

なお秀忠の小田原隠居は結局取り止めになり、江戸城西丸に入ることで落ち着いたが、阿部家の岩槻転封だけは予定どおり実施された。当主の正次は当時大坂城代をつとめていたので、岩槻城（現さいたま市岩槻区太田三丁目）は長男の政澄（まさずみ）が、寛永五年の病歿後は二男の重次（しげつぐ）が守衛にあたることとなった。この重次がのちに家光と忠長の運命に関わることになるのは巡り合わせというものか。

寛永江戸図

元和九年（一六二三）から寛永九年（一六三二）までの時期は大御所秀忠・将軍家光という体制がとられ、家康のときと同様に政治の主導権は秀忠が握っていた。このころの江戸中心部を描いた図に、いわゆる「寛永図」、正式には「武州豊嶋郡江戸庄図（ぶしゅうとしまぐんえどしょうず）」がある。これは先の「慶長江戸絵図」とは異なり板行（はんこう）図、つまり木版印刷図であったから複製が容易であり、また模刻・改刻・復刻などによって「寛永図群」と呼ばれるほどのさまざまな図が作られた。

それらの図群のうち原図にあたるのは国立国会図書館所蔵の「武州豊嶋郡江戸庄図」（同館ウェブサイトで閲覧可能）とされる（黒田前掲）。すでにそこに記載されている情報は悉皆（しっかい）的に調べられ、これらは寛永五年ごろの調査をもとに、その後の大きな変化について

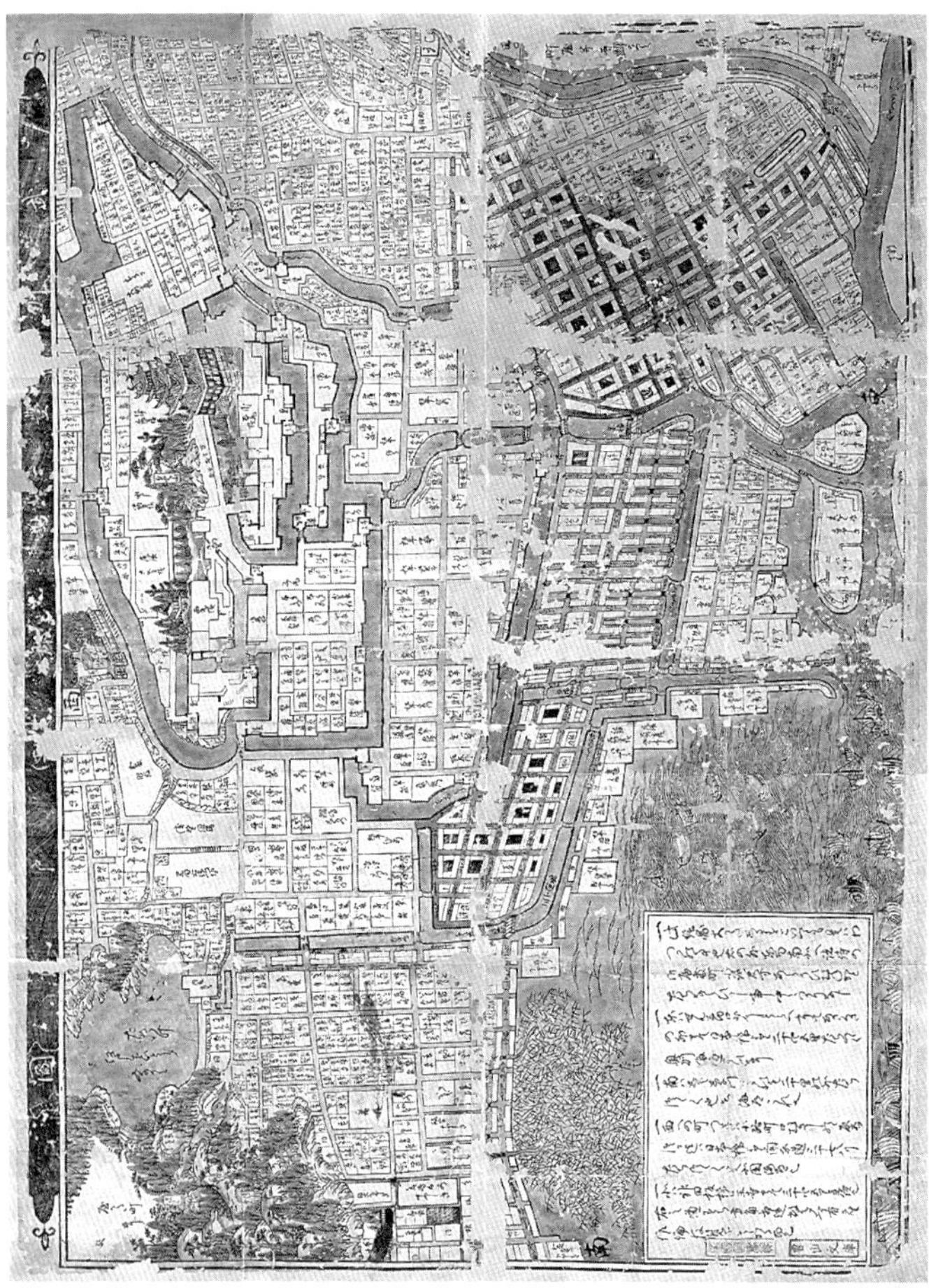

「武州豊嶋郡江戸庄図」(国立国会図書館所蔵)

「武州豊嶋郡江戸庄図」のなかの武家屋敷
（太線で囲まれた部分が原図の記載範囲を示す）

「江戸図屛風」歴博本左隻第２扇に描かれる松平忠昌上屋敷
（国立歴史民俗博物館所蔵）

は部分的な修正を加えて、寛永九年までに刊行されたと考えられている（近松鴻二「「武州豊嶋郡江戸庄図」の基礎研究」、黒田前掲）。以下では当時の武家屋敷拝領の状況について考えるため、今一度情報を検討してみたい。

同図は残念ながら当時の江戸の範囲全てをカバーしているわけではない。これを補正して地図におこしてみたのが前頁掲載の図である。東は隅田川と江戸湾、南は増上寺まで（ぞうじょうじ）が含まれているが、北は神田川と駿河台南部、西は千鳥ケ淵（ちどりがふち）・半蔵堀（はんぞうぼり）と溜池（ためいけ）までにすぎず、東南に偏った構図となっている。それでも現状では寛永前期の江戸の武家屋敷拝領者名が具体的に判明する唯一の図であるから、可能な限りの分析を行ってみたい。

まず絵図全体を見ると、武家地は駿河台・小川町・大名小路・桜田・愛宕下・神田柳原、および隅田川・江戸湾沿いに面的に拡がっていることがわかる。後者の地域には「蔵屋敷」と記された屋敷が多い。一般に大名は居所とする屋敷（上屋敷または居屋敷）のほかに複数の屋敷を拝領しており、これらは中屋敷・下屋敷・蔵屋敷などと称された。中屋敷は隠居や世子の居所、下屋敷は別荘地、蔵屋敷は年貢米・特産の貯蔵販売拠点として使われることが多かった。ただし、たとえば桜田門外屋敷（現千代田区内幸町一丁目）を上屋敷としながら実際の藩主居所は芝の下屋敷（現港区芝二・三丁目）であった鹿児島藩のように、建前と利用実態が異なる場合もあるので注意を要する。

一方江戸城周辺部は先に見た「慶長江戸絵図」とも重なる部分であるが、人名を比較してみると、二十数年の経過で少なからず変化が見受けられる。

まず大手門内の三丸から見てみよう。慶長のころに比べると面積は減少しており、当時の拝領者でそのまま残っているのは老中酒井忠世（上野厩橋八万五〇〇〇石）と大坂城代阿部正次、鷹惣支配の加藤則勝（一五八〇石）の三人だけである。ほかに名前が見えるのは酒井忠勝（武蔵川越八万石）と稲葉正勝（下野真岡四万石）の二人で、どちらも本丸老中である。

一方大手門外、龍口では慶長期の「山形出羽守（最上義光）」が「鳥居伊賀（忠恒）」に、「河中嶋少将（松平忠輝）」が「松平伊与（忠昌）」に変わっている。いずれも改易による交代で、前者は出羽山形藩、後者は越後高田藩の後継藩主（高田藩の場合、忠輝改易後忠昌が入るまでの二年間は酒井氏が統治）が城地のみならず江戸屋敷までまとめて引き継いでいることがわかる。なお松平忠昌は結城秀康（家康二男、秀忠兄）の二男であったため分家していたが、元和九年に兄松平忠直が不行跡を理由に配流されたときに越前北庄藩を五〇万石で継承しており（高田藩は忠直長男の仙千代〈のちの光長〉が相続）、「寛永図」の時点では福居（北庄から改称、後年さらに福井と改める）藩邸に変わっている。寛永十年末から十一年はじめにかけての江戸の繁栄を描いたとされる「江戸図屏風」歴博本（国立歴史民俗博物館所蔵、景観年代の検証は内藤昌「江戸の都市と建築」に詳しい）にも絢爛豪華な装飾の門をもつ忠昌屋敷が描かれているが、前の主である忠輝の時代、「門の結構なるは上総介殿（忠輝）御門一番なり」との評判があったから（『慶長見聞集』）、この描写は忠昌のみならず往時の忠輝の威勢をも物語るものであったのかもしれない。

動く場所、動かない場所

西丸下もまた二〇年ほどで半数近くの拝領者が入れ替わっている。大久保長安事件の余波で慶長十九年（一六一四）正月晦日に改易された年寄大久保忠隣の屋敷跡には石川忠総（豊後日田六万石）が馬場先門内から移っている。忠総は忠隣の実子（二男）で、事件当時は連座で駿府の町家に蟄居の身となっていたが、冬に大坂の陣が勃発したさいに許され、その後も秀忠から篤い信任を受けていた。そのため結局は実父の屋敷を相続したようなかたちになっている。また同じく長安に関係して慶長十八年十月十三日に改易となった鵜殿兵庫助の屋敷には北丸から森川重俊（下総生実一万石）が移っている。重俊は大御所秀忠の寵愛を受けて西丸年寄にまで引き立てられた人物であり、こうした将軍と幕臣との個人的な人間関係が屋敷移動にも影響している。

江戸の武家地のなかでもとくに西丸下は将軍側近や幕閣の要人が多く屋敷を拝領しており、一種の役屋敷（幕府の役職をつとめるための屋敷）としての性格を帯びていたため、政権交代にともなう流動性はかなり高かった。実際、寛永十九〜二十年（一六四二〜四三）ごろの景観を描いた「寛永江戸全図」を見ると、「慶長江戸絵図」で西丸下に名前の見える二十六家のうち、このときまで屋敷を保持している家は譜代の忠勝系本多家と高家旗本品川家のわずか二家にまで減っていることがわかる。その後本多家も移転し、最後まで残った品川家の屋敷も貞享元年（一六八四）八月二十一日に召し上げられているから（『寛政呈譜』）、七十数年でこの一郭の屋敷すべてが入れ替わったことになる。

対照的なのはその東の大名小路である。先にふれたように、譜代・旗本で占められる西丸下に対し、こちらは外様大名が多数を占める。「慶長江戸絵図」と比べると、福島正則をはじめ大名の改易による変化はむろん見られるが、流動は格段に少ない。注目されるのは、こちらには慶長期に屋敷を拝領してから江戸幕府が滅びるまでの二六〇余年の間、一度たりとも拝領者が変わっていない屋敷が池田・細川・山内・戸田松平（下総古河二万石）の四家も確認されることである。戸田松平家以外は外様の大藩である。

この大名小路の南側の外桜田と愛宕下も外様大名の屋敷が卓越する地域である。ここでも島津（寛永五年当時薩摩鹿児島六〇万五六〇〇石、慶長十五年拝領）・黒田（筑前福岡四三万三一〇〇石）・浅野（安芸広島四二万六五〇〇石）・毛利（長門萩三六万九〇〇〇石、慶長八年頃拝領）・鍋島（肥前佐賀三五万七〇〇〇石）・上杉（出羽米沢三〇万石、慶長八年拝領）・南部（陸奥三戸一〇万石）・内藤（陸奥磐城平七万石）・相馬（陸奥中村六万石、慶長八年拝領）・伊東（日向飫肥五万七〇〇〇石）・一柳（伊勢神戸五万石）・稲葉（豊後臼杵五万石、慶長十六年拝領）・亀井（石見津和野四万三〇〇〇石、元和年間拝領）・木下（備中足守二万五〇〇〇石）・鍋島（肥前鹿島二万五〇〇〇石）・片桐（大和小泉一万三四〇〇石）・土方（伊勢

菰野一万二〇〇〇石）・谷（丹波山家一万石）・高木（河内丹南一万石）および旗本十六家が少なくとも「寛永図」のころから幕末まで変化なく屋敷を維持している。大名の大半は外様で、譜代は内藤と高木の二家にすぎない。

こうした屋敷所持の安定性の違いは拝領者の幕政関与の度合いの差異によるものと考えられる。幕府の閣僚にあたる役職は原則として譜代大名および有力旗本から選ばれる。選ばれた武士は将軍の信任を受けている間は江戸城近辺に屋敷を与えられて空間的にもその力を示すが、いざ失脚すれば召し上げの憂き目にあう。逆に外様大名は幕政の中心からは疎外されるが（例外もある）、それゆえ政権交代の影響を直接的に受けにくく、意思に反する屋敷替えを強要される可能性もそれだけ少なくなる。幕末まで上屋敷の変更がなかった大名の大半が外様であったのはそのためであろう。

幕政の中心にあった譜代、たとえば大老四家を見ると、寛永期（一六二四〜四四）に桜田の上屋敷という落ち着き先を得た井伊家を例外として、土井家と酒井家は近世を通じて五回、堀田家に至っては二〇回以上の上屋敷の移転が確認される。幕府のなかで重要な役割を果たした家ゆえに屋敷所持が不安定という逆説がそこにある。

附家老の屋敷

慶長期と比較して最も変化が大きいのは北丸から吹上にかけての一帯である。「慶長江戸絵図」のころ旗本屋敷が多数を占めていたのが、元和

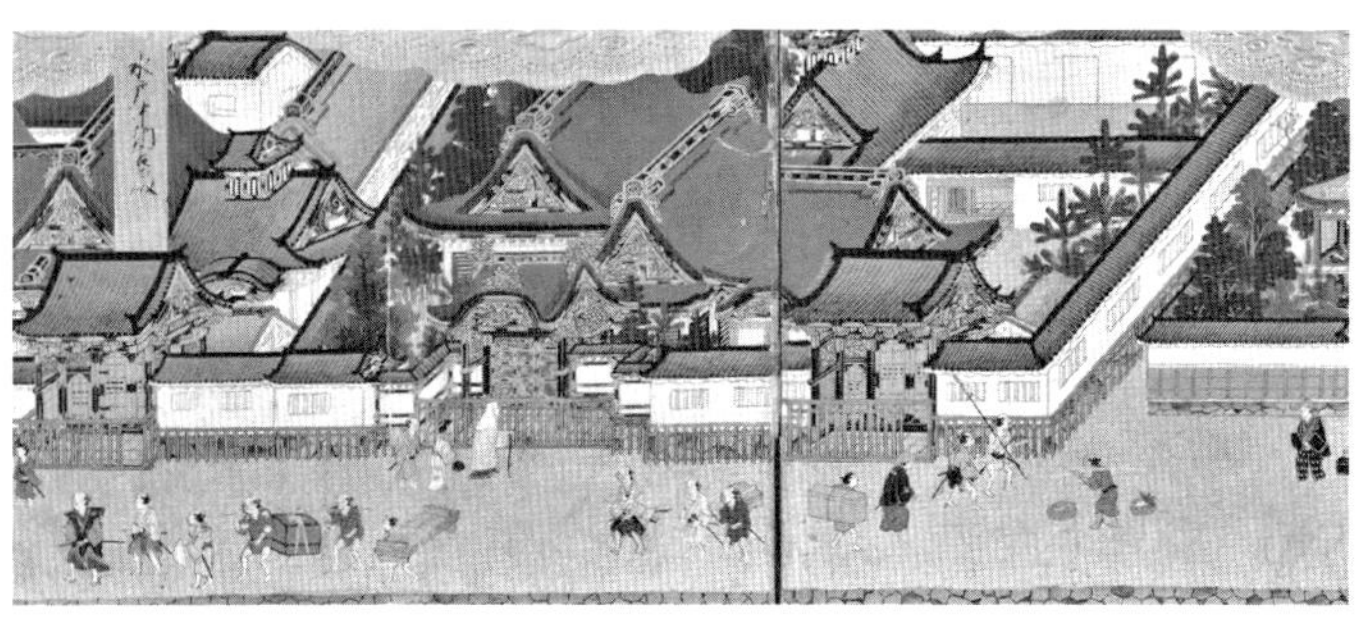

「江戸図屏風」歴博本左隻第１，２扇に描かれる頼宣（右）・頼房（中央）・義直（左）上屋敷（国立歴史民俗博物館所蔵）

期（一六一五〜二四）以降は徳川色が強まっており、北丸では家康の側室であった「一位殿」（雲光院）と英勝院、秀忠の娘でかつて羽柴秀頼の正室であった天樹院、家光の乳母をつとめた春日局（福）らの名前が見え、大奥関係の女性が目立つ。

その南の吹上には、すでに見たように北から忠長・頼宣・頼房・義直と、将軍家の家門屋敷が並んでいる。これらの屋敷は「江戸図屏風」歴博本にも描かれ、きわめて装飾的な門が目を惹く。このうち瓦葺のものが表門、檜皮葺に唐破風をもつものが御成門である。近世初期、将軍は諸大名の江戸屋敷にしばしば「御成」を行い、大名側は贅を尽くした御成門と御成御殿を建造してこれを迎えた。幕府が成立してまだ日の浅いこの時期、御成とはたんなる訪問ではなく、将軍と大名との主従関係を確認するための重要な儀礼であった。

注目したいのは、これら将軍親族屋敷周辺の拝領者に

ついてである。たとえば義直の屋敷の裏手（西側）に名前の見える「成瀬隼人」と「竹のこし山城」は名古屋藩の附家老である成瀬正虎と竹腰正信のことである。附家老とは家門大名を補佐させるために将軍が幕臣のなかから選んで附属させた家老のことをいい、義利（義直）の場合は慶長八年（一六〇三）にまず家康功臣の平岩親吉が附けられ、慶長十六年に平岩家が無嗣断絶となった後は成瀬正成（正虎の父）と竹腰正信がこれに代わった。将軍から見ると彼らは陪臣（家臣の家臣）にあたるが、この時期の職掌は藩内のみにとどまらず幕政にも及んでおり（白根孝胤「幕藩制下における御三家付家老の機能と意義」）、成瀬家は尾張犬山、竹腰家は美濃今尾（現海津市平田町今尾）にそれぞれ三万石と、譜代大名並みの知行高を誇り、また大名同様に独立した屋敷を与えられていた。もっとも成瀬正成の場合、義利に附けられる前は下総栗原（現船橋市）三万石を与えられていたから、当時北丸にあった屋敷はそもそも大名屋敷であった。

和歌山藩附家老の安藤直次も同様で、もとは遠江川崎（現牧之原市静波）一万三〇三〇石の大名として、江戸では北丸に屋敷を得ていたが、慶長十五年に頼将（頼宣）に附属されたのち元和三年（一六一七）に遠江掛川二万石の城主となり、翌年には江戸屋敷も一橋門外に移った（「男爵安藤家回答」）。さらに元和五年に頼宣が和歌山に転封されると、直次も紀伊田辺三万八八〇〇石に移されて、以後幕末に至っている。

もう一人の附家老水野重仲はもと七〇〇〇石の大番頭（部隊長に相当）で、慶長期（一五九六～一六一五）からすでに田安門外の居屋敷（現在地不詳）に加えて市谷原町に下屋敷（現新宿区若松町、原町三丁目）まで有していた。重仲の頼将附属は直次よりも二年早い慶長十三年で、このときに知行も一万石に達したが、当初重仲は附属を拒んだという（『当代記』、小山譽城『徳川御三家付家老の研究』）。最終的には家康の意向もあって重仲はこれを受け入れ、幕府も遠江浜松二万五〇〇〇石についで紀伊新宮三万五〇〇〇石まで加増してこれに報いたが、直参から陪臣への「降格」という感覚はその後も根深く尾をひくことになる。

また水戸の頼房にも、慶長十二年に一五〇〇石の徒頭（歩兵隊長に相当）から転じた中山信吉（附属時に六五〇〇石、その後二万石まで加増）、元和六年に三河新城一万二〇〇〇石の大名から転じた水野分長（附属時に安房・上総一万五〇〇〇石に加増）、同年に三〇〇〇石の使番（伝令・監察役）から転じた村瀬重治（附属時に一万石に加増）が家老として附けられたが、分長が元和九年に、重治が寛永十年に歿したのちは中山家一家のみが附家老を世襲した。「寛永図」では神田に村瀬屋敷が見え（現千代田区岩本町二丁目）、また小川町に「中山ふ前」とある（現千代田区神田神保町二丁目）のは中山備前（信吉）の誤りであろうか。これにつづく「寛永江戸全図」でのこの屋敷の拝領者は「中山主馬」とあり、信吉の二男吉勝の名前になっている。

忠長家臣の屋敷

以上の三兄弟の甥で、同じく吹上に屋敷を構えた忠長にも当然附家老が選定された。忠長の大名化と同時に附けられた鳥居成次は、先述のとおり甲斐谷村藩主からの転身であり、龍口の大名屋敷（現千代田区大手町一丁目）がそのまま附家老屋敷となった。また元和七年（一六二一）に旗本から附けられた朝倉宣正は、寛永二年（一六二五）には遠江掛川二万六〇〇〇石にまで加増されており、「寛永図」では忠長の屋敷にほど近い位置にその名を確認できる。

忠長の附家老のあり方は義直や頼宣と同様で、秀忠にこの三人を「御三家」とする計画があったとする主張は説得力をもつようにみえる。しかし大きな違いがあった。通常、江戸詰めの一般藩士は大名屋敷内に設けられた長屋に居住することになっているが、「寛永図」に記載されている人名を一人一人調べていくと、そこには附家老以外の忠長家臣が少なからず確認できるのである。たとえば忠長屋敷の隣に二ヵ所確認できる「うきつ河内」とは、忠長の近臣である興津直正（河内守、一万石）であろうし、「寛永図」にはほか少なくとも一二人の家臣が確認される。「寛永図」の範囲外の旗本屋敷群の実態が不明であるので確言はできないが、忠長の全家臣の知行高のうち幕府からの附属家臣（旗本クラスで三〇〇人程度とみられる）のそれが六〜七割を占めていたとみられること（古川貞雄「初期徳川家門大名領知の一考察」）、二〇〇俵取りの家臣（幕臣では下級旗本に相当）でも独立した江戸屋敷を構えていた記録がある（『寛永日記』）ことを考えるならば、忠長家臣、とくに旗本からの転属者の屋敷が広く当時の城下に分布していた可能性は十分に考えられる。ほかの家門では、附家老以外の家臣の江戸屋敷としては唯一名古屋藩で成瀬正則の名前が確認できる（その彼にしても附家老成瀬正成の弟である）にすぎないから、この点にも忠長の家臣団と叔父たちのそれとの性格の差異が表れているといえよう。

忠長殺し

忠長家臣たちの多くが幕臣出身であり、附属後も直参同様に江戸屋敷を構えていたことは、おそらく彼ら自身の、あるいは彼らを見る者たちの意識にも微妙に影を落とすことになったと思われる。寛永七年（一六三〇）の秋以降、大御所秀忠が健康を損ない始めたころ、不思議とそれと軌を一にするように忠長の「乱行」が噂され始める。細川忠興（三斎）や忠利の書状には、家臣を手討ちにしたり駿府や江戸で辻斬りに出向いたりといった忠長のきわめて凶暴な行状が報告され、改易の懸念が述べられている（『細川家史料』）。こうした噂がどこまで真実であったかはわからないが、忠長の日頃の行儀の悪さは山内忠義も実見として指摘しており（『山内家史料』）、忠長の側にもそうした噂を呼び起こす原因があったことは否めない。

寛永八年二月、秀忠は忠長を勘当し、ついで五月十五日には甲府への蟄居を命じた。そうした一連の動きのなかで、将軍家光はたびたび弟忠長に意見を加え、更生を促そうとしていたともいわれるが（小池進『江戸幕府直轄軍団の形成』）、細川忠利の書状を読む限りでは、忠長の行状を秀忠に相談し、勘当という結果を引き出したのは他ならぬ家光であり（『細川家史料』）、また同年末に蟄居中の忠長から父秀忠への取りなしを天海を介して依頼されたときもこれを黙殺しているなど、どうにも心底をはかりかねるところがある。

翌寛永九年正月二十四日、大御所秀忠は五十四歳で薨じた。その年の十月二十日、幕府は在府中の大名全員を江戸城に呼び出し、忠長の改易と上野高崎への逼塞を通達している。先に細川忠利が危惧していたような、秀忠による弟松平忠輝の改易と同様の結果となったわけだが、事はそれだけにとどまらなかった。一年ほどが過ぎた寛永十年十二月六日、忠長は逼塞先の高崎で自害へと追い込まれ、その二八年の生涯を終えたのである。

家光は寛永九年二月に最初の男子を生後間もないうちに喪っており（『本光国師日記』、

福田千鶴『徳川秀忠』）、また十月中旬から自身も生命が危ぶまれるほどの重病を患っていた（『細川家史料』）こともあって、将軍家の将来について不安をつのらせていた時期にあった。ただでさえ神経質な性格であった家光にとって、東海道と甲州街道の二つの大動脈を抑え、かつ「潜在的幕臣団」をかかえている忠長の存在は、このときどのように映っていただろうか。何より駿府は彼が神と崇める家康の城下町であった。

忠長に自害を促す密命を託されたのは、大坂城代の父にかわって武蔵岩槻城を預かっていた家光近臣、阿部重次であったという（新井白石『藩翰譜』）。彼の役割は、高崎藩主安藤重長（しげなが）（五万六〇〇〇石）に将軍の意向を告げ、もし重長がそれを断った場合には命を捨ててでも目的を果たすということであった。

関連は不明であるが、奇しくもこの重次は岩槻で松平忠輝の息子徳千代（とくちよ）（徳松（とくまつ）とも）を預かっていた。しかし徳千代は寛永九年五月二十七日に突如居所に火を放って焼身自殺を遂げてしまっている。重次の対応に抗議しての死であったともいう（『源流綜貫』）。

重次にはどこかに負い目があったのだろうか。慶安四年（一六五一）に家光が薨じたとき、彼はそうした将軍の影の部分をすべて引き受けるかのように主君に殉じている。

なお、「江戸図屏風」歴博本では、忠長の華麗な屋敷の門前から内部をうかがおうとする群集と、今まさに屋敷に入っていこうとする二人の武士、さらには二人の猿飼（さるかい）の姿が描

「江戸図屛風」歴博本左隻第１扇に描かれる忠長屋敷と猿飼
（国立歴史民俗博物館所蔵）

かれている。古くから猿は馬の守護神とされ（日光東照宮の有名な「三猿」は神厩（しんきゅう）に彫られている）、近世江戸の猿飼は大名屋敷を廻って厩（うまや）祓（はらい）を行っていたから（塚田孝「近世猿飼の身分と職分」）、この場所に猿飼が描かれること自体はとくに不自然ではないが、隠された意味として、忠長が寛永七年九月に駿府浅間社（せんげん）（現静岡市葵区宮ヶ崎町）の神獣とされた猿を狩ったとする「乱行」（『江城年録』）への揶揄があるとする指摘は、忠長邸の変事をほのめかす門前の描写を考えても的を射ているように思われる（黒田日出男『王の身体　王の肖像』）。この屏風が、老中「知恵伊豆」松平信綱（武蔵忍三万石）が寛永十四年の将軍御成にむけて上覧に入れるために作成させたものとする推定が正しいとすれば（同右）、この家光の懐刀は主君と何を共有しようとしたのだろうか。「生まれながらの」という言説は、その意味で逆説的である。

犬公方前夜

現在の本所竪川

将軍の弟

家綱危篤

延宝八年（一六八〇）、四代将軍家綱は初老の賀（四十歳のお祝い）を迎えた。幼いころから体の弱かった家綱であるが、この年で将軍に就任して三〇年目になり、世の中もようやく戦国の遺風も消えて安定期に入りつつあった。

家綱は前年の暮れごろからまた少し体調を崩していた。病状はいったん小康状態となったようで、四月二十七日には老中大久保忠朝（相模小田原九万三〇〇〇石）の饗応により二丸の園池で釣りを楽しんだりもしていたが、五月に入ってにわかに悪化し、六日には深刻な状態となった（『日記』）。

困ったことに、家綱には将軍職を嗣ぐべき子供がいなかった。家綱にその能力がなかったわけではなく、実際延宝六年と七年の二度にわたって側室が懐妊していたものの、出産には至らなかったのである。そしてこの延宝八年五月の時点でも、側室の一人が家綱の子を宿しているとの噂がたっていたようであるが、ただし万が一養子もないまま家綱が亡くなるようなことがあれば将軍の権威にも関わる問題となるから、重臣たちは慌てた。

　このころの幕閣の中心人物は大老の酒井忠清（上野厩橋一五万石）であった。彼を中心に家綱の養子についてどのような話し合いがもたれたのか、実のところは定かではないが、これまでよく語られてきたのは次のような話である。

　かつて鎌倉幕府の時代、三代将軍源実朝が暗殺されて血統が絶えたさい、摂関家から、その後は皇族から将軍を迎えたことがあった。権勢の絶頂にあった忠清は、その先例にならい、家綱の死後には有栖川宮幸仁親王を新将軍として迎えることを提案する。ほかの閣僚もそれに従いかけたが、ひとり老中の堀田正俊（上野安中四万石）のみこれに敢然と異議を唱え、その結果家綱の弟綱吉が後継者に決することになったという。

　このいわゆる宮将軍擁立説は『実紀』や『御当代記』などの史料にも掲載され、まことしやかに伝えられてきたが、これはどうやら綱吉の将軍就任後に酒井忠清が失脚したことを

家綱臨終時の徳川家略系図
（丸数字は年齢、灰字は故人を示す）

- 将軍3 家光
  - 男子
  - 将軍4 家綱㊵ ＝ 将軍世嗣 綱吉㉟
  - 甲府1 綱重 ― 甲府2 綱豊⑲
  - 亀松
  - 鶴松
  - 館林 綱吉㉟ ― 館林世嗣 徳松②（→ 将軍世嗣 綱吉㉟）

うけて創作された話と見るべきであるようだ（辻達也「「天和の知」について」、福田千鶴『酒井忠清』）。冷静に考えれば、延宝八年の時点での綱吉は将軍家綱の最近親のひとりであったから、綱吉に後継者の座がまわってくることはとくに不自然でもないが、このような噂話がささやかれること自体、綱吉が当初「誰もがふさわしいと認める将軍」とは必ずしも見なされていなかったことを暗示している。それが「生まれながらの将軍」であった兄家綱との大きな違いであり、その後の綱吉のさまざまな行動にもどこか影を落としているように思われるのである。このことを考える前提として、すこし時間を遡って、まずは「将軍の弟」であったころの綱吉を追ってみることとしたい。

将軍の弟として

綱吉は正保三年（一六四六）正月八日に江戸城内で生まれた。幼名を徳松という。父は三代将軍家光、母はのちに桂昌院と呼ばれ大奥で権勢をふるうことになる玉である。家光は六人の男子をもうけたが、綱吉はその五番目にあたる。長男は誕生後間もなく死去、二男はのちに四代将軍となる竹千代（家綱）、三男は長松（綱重）、四男は亀松、六男は鶴松という。亀松と鶴松も夭逝したので、成人したのは三人になる。

慶安四年（一六五一）四月二十日、徳松わずか六歳のときに父家光が亡くなるが、その直前の四月三日に徳松は兄長松とともに賄料一五万石ずつと家臣を与えられている。この年にして、「大名」の仲間入りをしたわけである。

家臣団を擁する独立した家となれば屋敷が必要となる。この年の七月五日、徳松は一橋門内の敷地を与えられ、その後建築工事の完了した十二月十三日に江戸城三丸から引っ越している（『日記』）。明暦三年（一六五七）正月吉辰の記載のある「新添江戸之図」では、江戸城の北東に「松平右馬頭様」と書かれた屋敷地が確認されるが、これがその一橋門内屋敷に相当する（現千代田区一ツ橋一丁目）。ちなみに堀を隔てた西隣、竹橋門内に「松

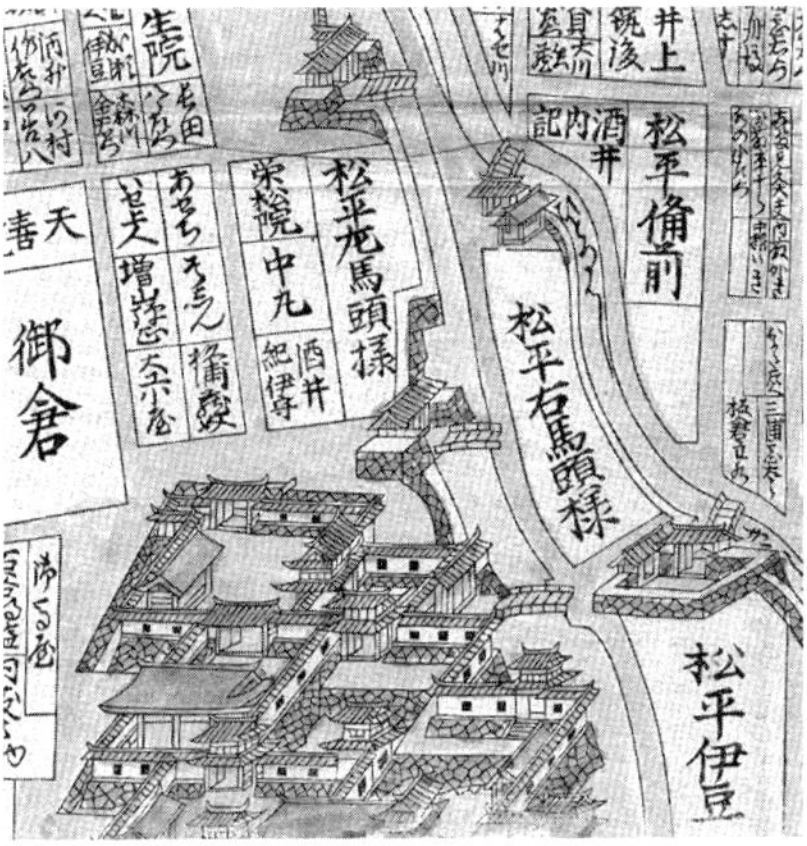

「新添江戸之図」に描かれる綱重（松平左馬頭）・綱吉（松平右馬頭）屋敷
（稀書複製会による複製図〈米山堂刊〉）

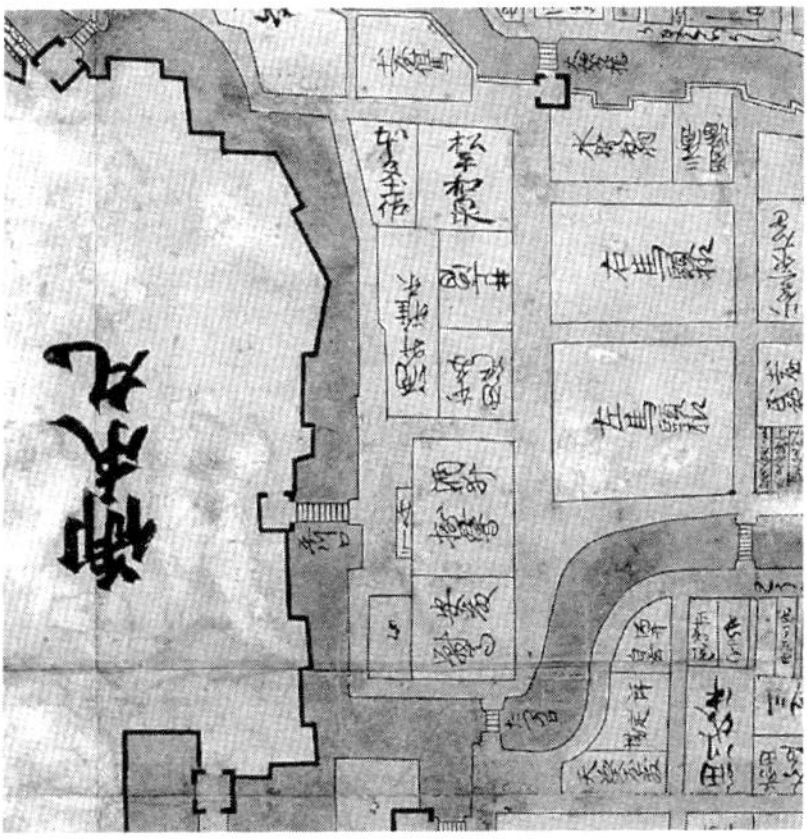

「明暦江戸大絵図」に描かれる綱重・綱吉屋敷（三井文庫所蔵）

平左馬頭様」とあるのが兄綱重（長松）の屋敷である（現同区北の丸公園）。右馬頭といい、どこまでもこの兄弟はペアであった。前章で、江戸城の西側に将軍の最近親の屋敷が建ち並んでいたことをふれたが、慶安四年以降は三家に加えてこの兄弟の屋敷までもが江戸城をぐるりと取り囲むように配置されていたことがわかる。

　このような屋敷地の構成が大きく変わるきっかけとなったのは、明暦三年（一六五七）正月十八日の大火（明暦の大火）である。最初の火の手は本郷丸山（現文京区本郷五丁目）からあがり、さらに翌日には小石川、ついで麴町からも出火し、この結果江戸の市街の実に六割が焼失し、江戸城天守も喪われることとなった。この未曽有の大災害を教訓として、幕府は復興とあわせて都市の防火対策にも取り組み、その過程で吹上にあった三家の屋敷はそれぞれ城外の市谷（名古屋藩、現新宿区市谷本村町）、麴町（和歌山藩、現千代田区紀尾井町）、小石川（水戸藩、現文京区後楽一丁目、春日一丁目）に移されることになった。長松・徳松兄弟の屋敷もこのとき被災しており、同様に移転対象となったが、代替地はともに神田橋門内に並んで与えられ（「明暦江戸大絵図」、現千代田区大手町一丁目、綱重はその後桜田門外に移転）、三家に比べるとそれほど江戸城から遠ざけられていない。このあたり、将軍の兄弟と遠い親戚との差異であろうか。

寛文元年（一六六一）、兄弟はそれぞれ一〇万石を加増されて二五万石の大名となる。同時に綱重には甲府城、綱吉には館林城が与えられ、以降二人は「甲府宰相」「館林宰相」と呼ばれるようになる。館林は上野国邑楽郡、現在の群馬県の南東部に位置し、かつて東北地方への抑えのため、徳川四天王のひとりに数えられた榊原康政が在城した地であった。

不在の「館林城主」

『藩史大事典』などをはじめとして、このときの加増を「館林藩」の成立として位置づける研究は少なくないが、しかしこれを一般的な藩と同様な存在として理解するにはややためらいが残る。たとえば寛文元年から延宝八年（一六八〇）までの二〇年ほどの「館林城主」時代に綱吉が館林城に入ったのは、判明している限り、寛文三年五月の日光社参の帰りにわずか数日間滞在した（『実紀』）ときのただ一度きりであった。真のあるじのいない館林城は城代が守衛にあたっていたのであり、綱吉自身と館林との関わりはきわめて稀薄であったといわざるをえない。

家臣についても同様であった。国立公文書館内閣文庫には『館林殿之御事並御分限帳』という史料が残されている。分限帳というのは藩士の氏名、役職、家禄などを書き上げた一種の名簿のことであるが、これを見れば綱吉の家臣団のほぼ全貌（代官を除く）を知ることができる。残念ながら年代が記載されていないが、その内容は寛文三～四年ごろのものとみられる（深井雅海『徳川将軍政治権力の研究』）。ここに記される当時の家臣団は全部で一四一五人で、氏名の記載される士分とみられる家臣は五二二人であるが、このうち江戸神田屋敷勤務者は五〇〇人（九割六分！）であるのに対し、館林在住者はわずかに二二人にしかすぎなかった（与力や同心らを含めた全家臣でみても、江戸勤務者は一一二五人と八割を占める）。露骨なまでの江戸志向である。

この江戸と館林の住み分けは固定されたものだったのだろうか。ここで綱吉時代の館林の状況を示す、「館林御城図」（国立国会図書館所蔵、同館ウェブサイトで閲覧可能）を見てみよう。これにも年代の記載はないが、延宝六年（一六七八）十月十六日に綱吉と対立して改易された家老、大久保正朝（三〇〇〇石）の屋敷が「元屋敷」となっているので、それ以降綱吉が将軍継嗣となる延宝八年五月以前の城下町を描いたものと推測される。

この絵図によれば、本丸には主が一度しか訪れていないわりに立派な三重櫓が建ち、その西側の二丸に城代の金田正勝（三〇〇〇石）がいた（現館林市城町）。家老など重臣クラスは江戸在住でも館林にも屋敷を構えていたようだが、その他大半の家臣は居住地のみに屋敷があったようで、それゆえ館林の方は屋敷に空きが目立つうえ、普通の藩ならば一般藩士が居住するような屋敷を与力・同心クラスにまで与えることで何とか空隙をうめている観すらある。拝領者として記される人名を見ると、寛文の分限帳に館林在住者として

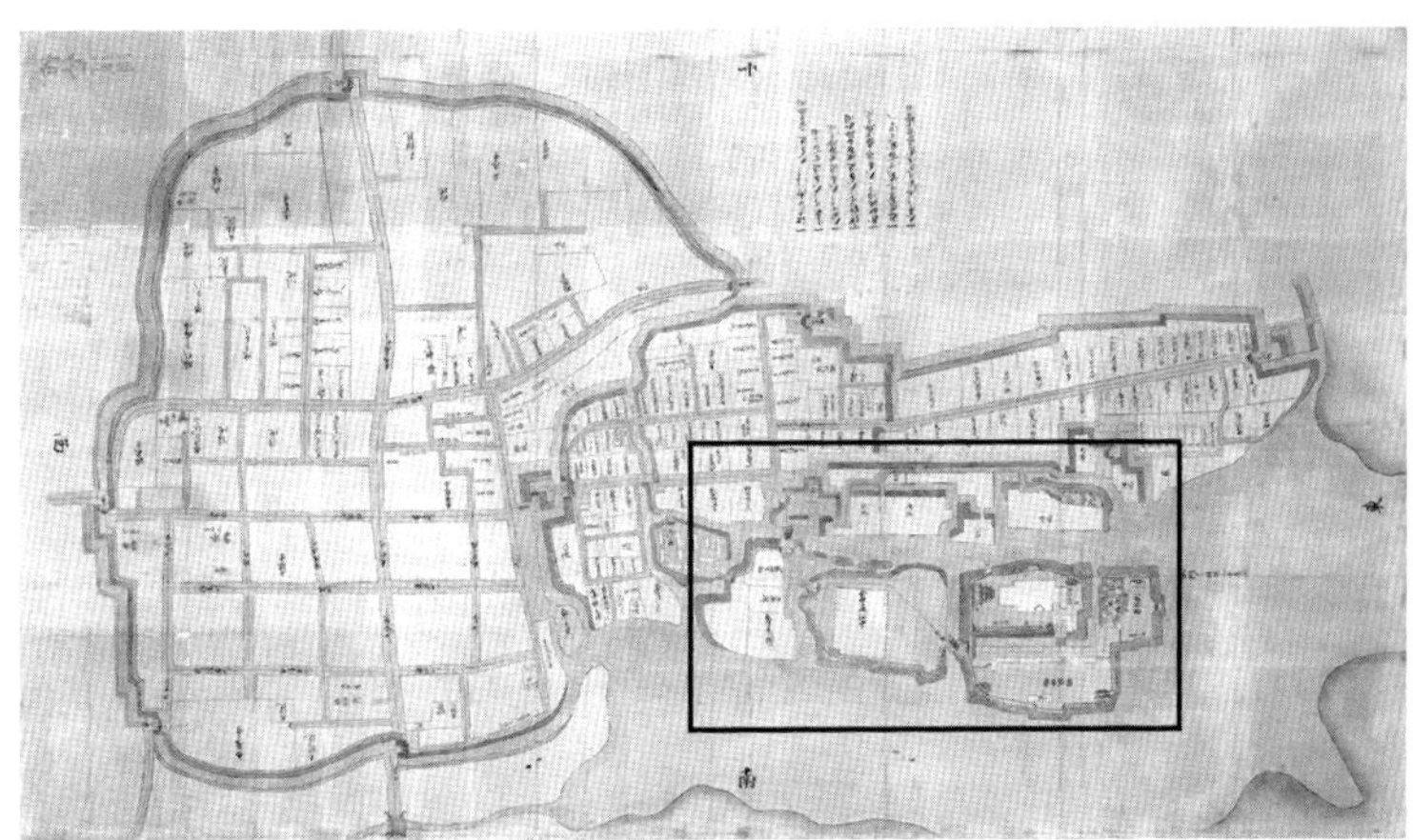

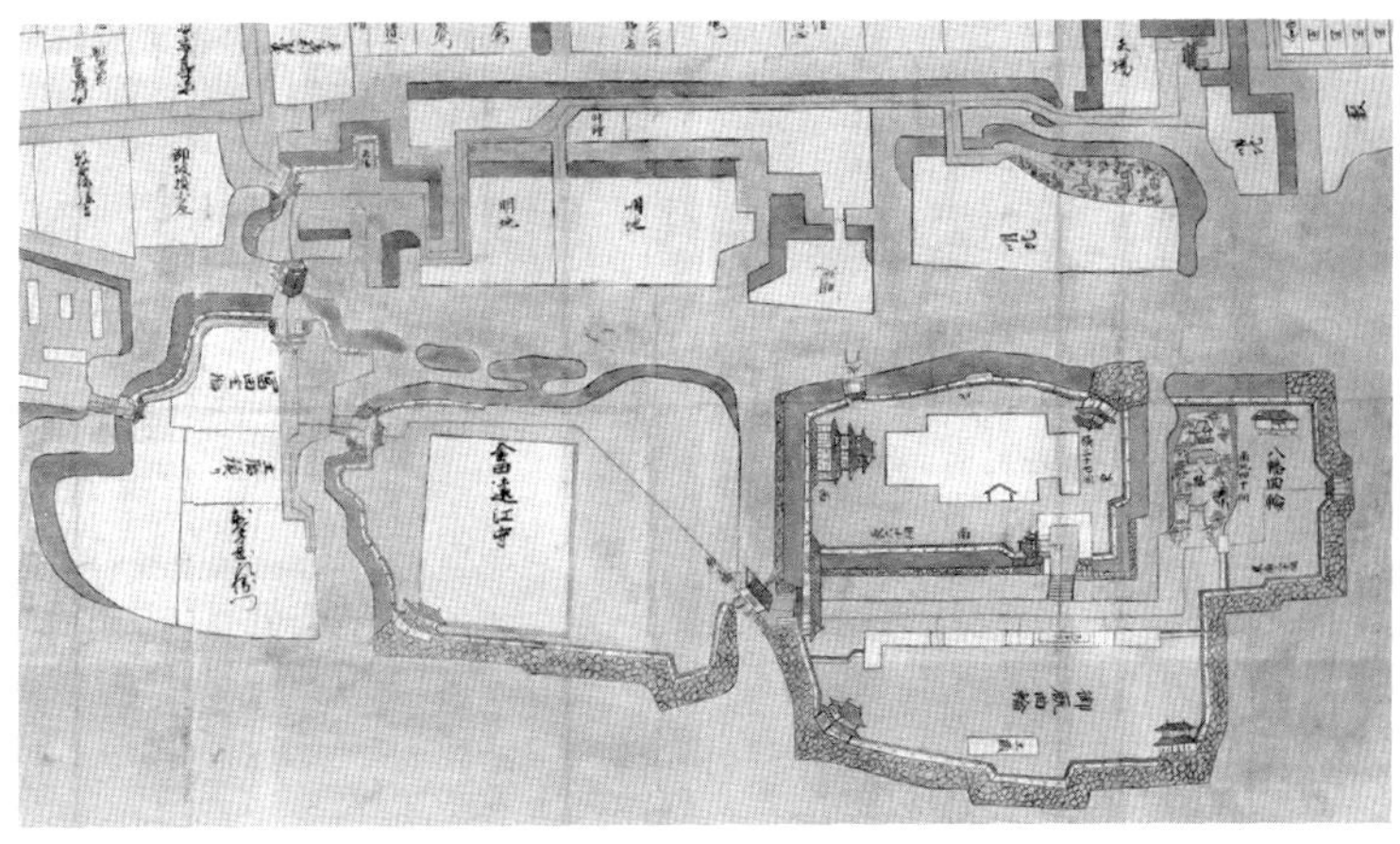

「館林御城図」全体図と本丸附近拡大図

（国立国会図書館所蔵．本丸近くでも「明地〈空き地〉」が目立つ）

名前のある二二人のうち、この図で確認されるのは六人にすぎない。館林町奉行を永年勤めた山川忠光（五〇〇俵）など、一部の民政に明るい家臣はとくに選ばれて館林に配置されていたようであるが、それ以外の家臣については基本的に交代で館林に赴任していたのだろう。館林在住者もしばらくすれば江戸に「戻る」となれば、城下町は大半の家臣団にとってはいよいよ縁の遠い存在となっていたといえるのではないか。

綱吉と家臣団

神田屋敷に勤務する家臣団の組織は、幕府のそれを小さくまとめたような構成をとっていた。まず年寄衆・奏者衆・用人衆あたりが家臣団の上層部をなし、書院番・小性組・小十人組などの武官、勘定・納戸・右筆などの文官、また「藩主」綱吉の世話をする小性や小納戸などがいた。これら家臣のうち、士分のおよそ六割はもともと幕府から附属された家臣であったという（深井前掲）。このことがどのような意味をもったか。

綱吉家臣団のうち、右に見た上層部の家臣の俸給は、「藩」から直接給与分の米を支給されるかたち（これを「蔵米知行」という）ではなく、収穫量に応じた所領を与えられるかたち（これを「地方知行」という）をとることが多かった。

上層部の家臣のほとんどは、もと幕府の旗本であったが、このうち地方知行のものは当然幕府から所領を与えられ、そこからの年貢によって生活していた。では彼らが綱吉に附属された、つまり幕府ではなく綱吉の家臣となったとき、所領が幕府に返されたかというと、実はそうではなかった。とくに寛文元年（一六六一）以前に附属された家臣については、「館林藩」が成立した後であっても、かつての幕府に与えられた所領を変わらず支配し続けていたのである（深井前掲）。ここには幕府と「藩」との二重の主従関係が生まれている。

同様のことは江戸での居住にも見られる。綱吉家臣団の場合、士分の六割は幕府からの附属であったから、彼らはもともと江戸において幕府から屋敷を与えられており、地方知行と同様、綱吉に附属された後であってもその屋敷を所持し続ける家臣も少なからずいたのである。このあたりは前章で見た忠長家臣団の場合と似ている。

先の分限帳をもとに、寛文十年の「新板江戸大絵図」、十一〜十三年の計四枚の「新板江戸外絵図」（以上の五枚をまとめて「寛文図」と総称する）を見ながら少し検討してみよう。まず家臣団の最上位である年寄衆六人については、五人を絵図上で発見できる。彼らは綱吉附属後も江戸屋敷は変わらず保持し続け、のちに旗本に復帰してからも居住を続けていたようである。残るひとり、大久保正朝については息子の名前が見えるから、旗本の名跡を継がせたさいに屋敷の名義も移したのであろう。以下、奏者衆・用人衆といった上層部については基本的に旗本・御家人同様に江戸に屋敷を構えていたようである。

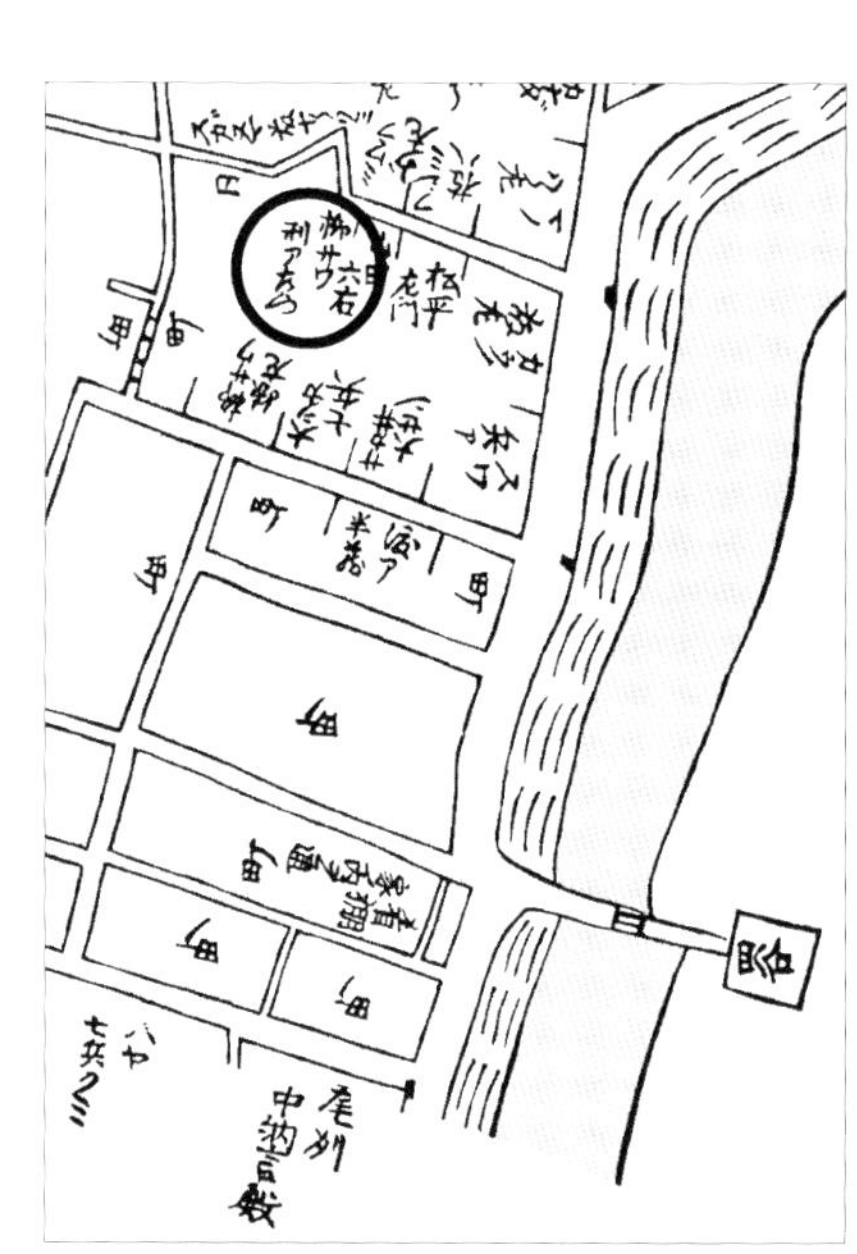

「寛文図」に描かれる柳沢刑部左衛門屋敷（囲みと堀割網掛けは筆者追加.『古板江戸図集成』第２巻より）

これ以下になると江戸屋敷を確認できる人物はぐっと少なくなるが、なかには興味深い名前も見える。

「寛文図」のなかで、市谷の尾張徳川家上屋敷と四谷門の間に「柳沢刑部左衛門」という小さな屋敷が記されている（現新宿区本塩町）。この刑部という人物、諱を安忠といい、慶長七年（一六〇二）に二三〇石取りの旗本柳沢信俊の子として生まれている。彼は庶子であったが、嫡子であった兄安吉が信俊の生前に一六〇石で召し抱えられていたため、信俊の死後この一六〇石を分与されて運良く一家を興すことができた。もっとも、石高からすれば生活は決して楽ではない。

そんな彼の運命の転変は、その後将軍秀忠の三男国千代（忠長）が甲斐国を与えられたさいに彼の家臣として附属されたことに始まる。父信俊がもと武田信玄の家臣であったことから、甲斐の統治に必要な人材として選ばれたのであろう。結果的にはこれが裏目に出て、忠長が寛永九年（一六三二）に改易されると安忠もクビになり、しばらく浪人生活を送ったらしい。その救済策か、彼は寛永十六年に再び幕府に召し出され、以前と同じ一六〇石の所領を与えられて広敷番（大奥への出入りを警備する役職）となった。このままつつましい後半生が待っているかと思われたが、いかなる意図によるものか、慶安のころ今度は将軍の弟、徳松（綱吉）に附属されることになる。このとき所領はやはりそのまま引き継がれたようである（『寛政譜』）。

安忠の兄安吉も同様に幕臣から忠長家臣、浪人を経て幕臣復帰という経歴を辿っていたものの、寛永二十年に将軍世嗣の竹千代（家綱）に附属されていたためにその後も直参幕臣の身分を保っていたから、陪臣に「再転落」した弟と明暗がわかれたようにもみえるが、実際にはとびきりの幸運を手にしたのは弟の方であった。安忠は勘定頭として才能を発揮して綱吉の信任を得、計三七〇俵を加増されたが、その嫡子の保明が受けた寵愛は父の比ではなかった。彼は綱吉にしたがって旗本となり、その後とんとん拍子の出世のすえに、甲府一五万石の藩主として一族ゆかりの甲斐の地を拝領することになるのだが、そのような未来が待っていることなど、市谷時代の柳沢親子は夢にも思っていない。

以上の安忠の例からもまた、綱吉家臣となった後にもかかわらず幕府から直接与えられた所領や江戸屋敷をなお保持するものがいたことを確認することができる。彼らにしてみれば、綱吉への附属とは、直参旗本から陪臣へのいわば格下げであり、本来自分は旗本の筋目であるという意識をどこかでもち続けていたであろうことは想像に難くない。逆に綱吉から見れば、彼らは形式的には家臣でありながら、自分を本当の意味での主君と見なしていないのではないかという思いがつねにあったのではないか。そうした環境は青年綱吉の性格をどのようにかたちづくったろう。寛文五年（一六六五）十月に館林城代大久保忠辰が、延宝六年（一六七八）に年寄大久保正朝が、それぞれ綱吉と対立した末に改易されたという事実は、こうした背景とどこかでつながっているように思われるのである。

隣り合う綱吉と忠清

「館林藩主」時代の綱吉は江戸に三ヵ所の屋敷を与えられていた。まず、綱吉の居所である上屋敷は先にふれた神田屋敷である。現在でいえば地下鉄半蔵門線大手町駅のちょうど真上付近にあたる。明暦の大火以前の絵図と比較すると区画は異なっており、復興のさいに道路も引き直されたのであろう。

「寛文図」で神田屋敷を見ると、「館林宰相殿」という文字が南側を上にして書かれているのがわかる。近世の絵図では屋敷の正面が上にくるように文字を書くので、ここから神田屋敷の表門は南側にあったことが読み取れる。したがって綱吉が登城するさいは南門を出て正面の道を西に向かえばすぐに大手門に辿り着けることになる。

ところで神田屋敷と大手門との中間には、「酒井雅楽（うた）」と書かれた屋敷が見える。これは家綱政権下で最大の権勢を誇った大老、酒井雅楽頭（うたのかみ）忠清をさしている。この屋敷も南側正面となっているので、綱吉は神田屋敷から登城するさいには必ずこの大老の屋敷の表門前を通ることになり、大老への面会を求める人びとで賑わうさまを目や耳で感じ取っていたはずである。

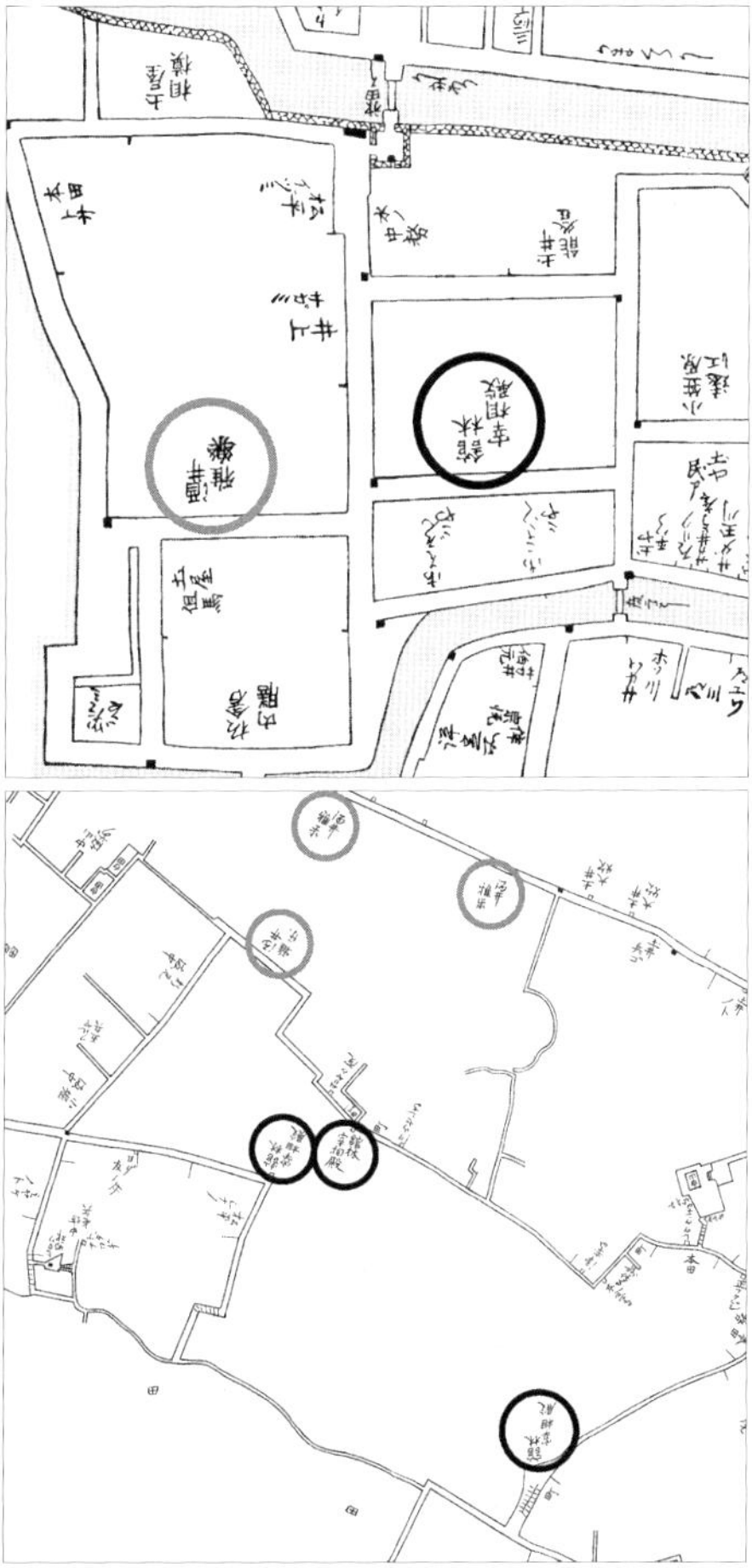

「寛文図」に描かれる綱吉・忠清の上屋敷（右）・下屋敷（左）（囲みと堀割網掛けは筆者追加.『古板江戸図集成』第２巻より）

この神田屋敷のほかに綱吉は白山の下屋敷（白山屋敷）と、本所の蔵屋敷の二ヵ所の屋敷をもっていた。後者は蔵前の対岸、現在の墨田区本所一・二丁目、石原一・二丁目一帯にあり、領内から輸送された年貢米がここに運ばれていた。

注目すべきは白山屋敷である。これは現在の小石川植物園の敷地に相当する（文京区白山三丁目）広大な屋敷であったが、「寛文図」を見ると、そのちょうど北側に隣接していたのはまたもや「酒井雅楽」の屋敷であったことがわかる。

戸田茂睡の『御当代記』によれば、家綱の後継として綱吉の名があがったとき、忠清は「天下を治させ給ふべき御器量なし」と切り捨てたという。同書は綱吉の政治への批判的立場から記されたものなので、忠清の綱吉への評価が実際に低かったかどうかはわからない。ただし、綱吉の将軍就任後の行動から判断すると、「藩主」時代の綱吉が忠清を目の上のたんこぶのような存在として意識していた可能性は高い。権力の中枢にあり人びとからもてはやされている存在と、格式だけは高いが実権はなく、家臣すら完全に掌握しえない存在。偶然の結果であれ、両者の屋敷が隣りどうしであったことは余計に綱吉にその対比を意識させたのではないか。

けれども人の運命はどう変わるかわからない。延宝六年（一六七八）、この時点での家綱継嗣の筆頭候補であった兄綱重が三十五歳の若さで急死した。そして同八年、とうとう跡継ぎができないままに将軍家綱も危篤状態に陥り、その結果思ってもみなかったであろう将軍の座が綱吉のもとに転がり込んできたのである。忠清との立場は逆転した。

江東無常

五代将軍

延宝八年（一六八〇）五月六日、綱吉は病床の家綱に呼び出されて養子の決定を告げられ、翌日二丸に入った。これで後顧の憂いがなくなったのか、五月八日、四代将軍家綱はこの世を去った。享年四十。

翌九日、大老酒井忠清から家綱の死と綱吉に忠勤を尽くすべきとの遺命が公表され、二十六日に寛永寺（現台東区上野公園）にて葬儀が執り行われた。六月に入ると徳川家の菩提寺である増上寺（現港区芝公園四丁目）においても法要が行われたが、ここで事件が起こった。この法要の奉行をしていた内藤忠勝（志摩鳥羽三万三〇〇〇石）が、同じく奉行であった永井尚長（丹後宮津七万三六〇〇石）を突如として斬り殺したのである。忠勝は切腹のうえ内藤家は断絶となったが、殺された尚長も後継男子がいなかったために永井家もいったん改易された。

その後八月九日に、駿河台にあった忠勝の屋敷（現千代田区神田淡路町）は寺社奉行の松平重治（上総佐貫一万五〇〇〇石）が、筋違橋門内にあった尚長の屋敷（現同区神田須田町二丁目）は松平信輝（武蔵川越七万石、松平信綱の孫）がそれぞれ拝領し、信輝がもといた一橋門内の屋敷（現同区大手町一丁目）は老中堀田正俊の手に渡ることとなった（『日記』、「子爵大河内家回答」）。これが確認できる新政権最初の屋敷収受であるが、不吉な刃傷事件のどさくさに、綱吉の右腕として活躍することになる正俊が、江戸城至近の、しかもかつての「知恵伊豆」の屋敷を得ていることに注意したい。むろん、その後自らもまた刃傷事件の被害者となろうとは、当時は夢にも思っていなかったろう。

不測の事態に見舞われもしたが、この年の七月十日に綱吉は二丸から本丸に移り、つづいて八月二十三日、将軍宣下の大礼が行われ、綱吉は正式に五代将軍に就任した。しかし「館林藩」時代の家臣のうち、綱吉にしたがって江戸城に入り幕臣となったのは、新将軍にごく近い側近や医者ら四〇人程度にすぎなかった。実はそれにはお家の事情が関わっている。

綱吉にはこのころ二歳になる男の子がいた。自分と同じ「徳松」という名をつけた、綱吉にとって大事な跡取りである。しかし将軍家における徳松の立場は微妙なものがあった。

先にふれたように、家綱が危篤になったさい、側室のひとりに懐妊の噂があり、この時点ではまだ跡継ぎ誕生の可能性は残されていた。つまり綱吉が家綱の養子となったのは将軍権力の空白を防ぐためのものであり、当初はあくまで中継ぎの将軍として観念されていたのである（塚本学『徳川綱吉』）。そもそも長幼の序にしたがえば、亡くなった兄綱重の子ですでに十九歳になる綱豊（のちの六代将軍家宣）が将軍となっていてもおかしくなかったわけで、それゆえ綱吉が将軍となったとはいえ、その子徳松が無条件で世継ぎとなるとは考えられていなかったことに注意したい。綱吉が江戸城に移った後も「館林藩」が廃されず、徳松が「藩主」を継ぐことになった（『実紀』）のは、そういう事情によるものだったと考えられる。

その後家綱が亡くなって半年が過ぎ、世継ぎ誕生の可能性がほぼ消えつつあった十一月二十七日、徳松は西丸に移り、事実上の継嗣として位置づけられるに至った。しかしそれでも「館林藩」はなお存続し、かつての綱吉家臣団の大半は徳松附きとして、幕臣でもあり「藩士」でもあるという半端な状況におかれていたのである（深井前掲）。

江戸に屋敷は　綱吉とともに直接幕臣となったものと、徳松に附けられ「藩士」を続けたものとの差は江戸屋敷にも表れた。綱吉の新政権が発足してから延宝年間（一六七三〜八一）の終わりまでのおよそ一年余りのあいだ、記録から判明しているだけで計六四件の屋敷拝領が見られたが、このうち半数弱の二八件は綱吉にしたがって幕臣になった家臣に関するものであった（『日記』『柳営日次記』「屋敷書抜」ほか）。この数字はこの期間のすべての屋敷収受を網羅しているわけではないので、実際は二八件よりも多かったと思われ、綱吉にしたがった人数（旗本以上で四十数人か）を考えると、彼らの大半が幕臣編入にともなって江戸屋敷を与えられたとみてよい。このなかには、のちに「側用人」（この時代には公式の役職名ではない。福留真紀『徳川将軍側近の研究』参照）として活躍することになる牧野成貞や柳沢保明らの名前も含まれていた。成貞はこの時点ですでに一万三〇〇〇石の大名で、馬場先門内の堀田正俊（先述のように彼はかつての「知恵伊豆」の屋敷を手に入れていた）旧邸という一等地（現千代田区皇居外苑）を手にした。一方の保明の石高はこの時期はまだ八三〇石で、与えられた西久保の屋敷（現港区虎ノ門三丁目）にしても市谷屋敷よりは拡大したとはいえ、江戸城からは距離もあり、しかも前の拝領者が相続の落ち度により改易となったためにたまたま空いていた屋敷にすぎなかった。シンデレラストーリーはあくまでさりげなく始まっていた。

一方、徳松附属として西丸に仕えることになった家臣たちはというと、こちらはこの期間に江戸屋敷が与えられた形跡はまったく見られないし、この体制の続いた天和三年（一六八三）までを見渡しても、同二年に綱吉の叔父にあたる本庄宗資が小川町に屋敷を与えられた（「寛政呈譜」、現千代田区神田神保町一丁目）ほかわずかにしか確認できない。綱吉附属前からの江戸屋敷をもっていた家臣はともかく、基本的に彼らは「館林藩士」であるのだから従来どおり「藩邸」に住めということであろうか。「選ばれし側近」を除く大多数の家臣団は、なかば放置されたままであった。

粛正政治

綱吉は諸大名を相手に自ら儒学の講釈を行ったほどの好学の人であり、その性格には理想主義者としての側面が強かったといわれる（塚本前掲）。しかし理想への強い希求は、理想に反するものへの嫌悪にもつながりやすい。将軍という幕府のトップにたったとき、彼はもはや「館林藩主」時代のような格式だけの人間ではなくなった。しかし就任時の経緯、そして嫡男徳松のどこか半端な位置を考えるならば、その立場は必ずしも自明なものとはいえない。綱吉が自らの正統性を示すためには、将軍としての「力」を目に見えるかたちで示さなければならなかった。このことが綱吉の一種の極端さを有する性格と結びついた先に立ち現れることになるのは、粛正の嵐であった。

何よりも最初のターゲットとなったのは、前政権の象徴的な存在、大老の酒井忠清である。徳松が西丸に移り、家綱薨去（こうきょ）後の諸事が一段落したのを待っていたかのように、綱吉は十二月九日に忠清の大老解任を通達する。病気が理由とされたが、むろん建前で、病状は起居できないほどではなかったようである。忠清は大手門外の屋敷の門を閉ざして引き籠もり、二十六日には大塚の下屋敷（繰り返すが綱吉の白山屋敷の隣である）に退去したという（福田前掲）。

忠清の否定は目に見えるかたちでも行われた。年の明けた延宝九年（一六八一）の正月十五日、かつて訪問客で不断に賑わい、彼の権勢を象徴的に示していた大手門外の上屋敷が没収される（『万天日録』）。新たなあるじとなったのは、かの老中堀田正俊で、彼は家綱政権前期の主役であった「知恵伊豆」松平信綱の屋敷から、後期の主役であった酒井忠清の屋敷へと半年のうちに渡り歩いたことになる。このことは次の政権の主役が誰であるかを明瞭に示していた。忠清は大塚の下屋敷にて失意の日々を送り、その年の五月十九日に寂しく息を引き取った。享年五十八。なお忠清の死後、酒井家が上屋敷を転々とした末にこの大手門外屋敷に復帰を果たすのは、綱吉の死の直前、宝永五年（一七〇八）末のことである。

酒井の更迭につづいて諸大名を震え上がらせることになったのは、忠清の死の翌月に将軍綱吉が自ら行った越後高田藩のお家騒動（越後騒動）の再審であった。家康の曽孫にあたる松平光長は越後高田（現上越市本城町）二六万石を領しており、彼の越後松平家は越前松平家とともに三家につぐ格式を有していた。内堀を挟んで吹上の三家屋敷と向かい合う、半蔵門外の広大な上屋敷の位置（現千代田区隼町）もそのことをよく示している。

ところが延宝二年に当時の嫡男であった綱賢（つなかた）が死去すると、その後継者選びを発端として、藩政の運営の問題も絡んで、やがては藩を二分する争いにまで発展してしまう。このときは結局延宝七年に酒井忠清が仲介するかたちでいったんの決着をみていたが、火種はまだくすぶっており、これに綱吉は目をつけた。

延宝八年五月に家綱が亡くなり、十二月に忠清が大老を罷免（ひめん）されると、騒動の再審が開始される（『日記』）。半年後の延宝九年六月二十一日、綱吉は江戸城大広間に出座し、騒動を自ら審判するという異例の行動に出ており、その翌日、対立両派の中心人物の切腹および流罪（るざい）、さらには高田藩の取りつぶしというきわめて厳しい判決を下したのである。

綱吉によるこの演出は、新将軍の「力」を見せつけるのに十分であった。諸大名はこの事件に大きな衝撃を受け、以後は自家の存続のために将軍との良好な関係を継続するのに腐心することになる。そうなると将軍へのパイプ役となる存在はより重要性を増していくのであり、のちに「側用人」柳沢保明（吉保）が強大な権力を手にする素地はそこにあったといえる（福留前掲）。

綱吉の厳しい視線は大名のみならず、側近や役人たちにも向けられた。すでに綱吉は将軍に就任するさいに神田屋敷の家臣団のうち一〇人を放逐しており（『御当代記』）、勤務不良とみた人物についての処分には容赦がなかった。綱吉政権下で何らかの処罰を受けた旗本は延べ一一〇〇人に及び、これは当時の旗本の二割に相当する人数という（深井前掲）。綱吉は有能な下級旗本を多数取り立ててもしており、これは一面では綱紀粛正策とも評価できるが、一方で処罰の理由が「故ありて」という実にあいまいな記述になっている場合が四分の一ほどに及んでいる（深井前掲）ことを考えると、綱吉の気まぐれな不興による理不尽な処罰も少なくなかったのではないか。ただ、そうした面もまた専制君主としての綱吉の地位を固めることにつながったのである。そしてこのような将軍権力のありようは、この時代の武家屋敷の流動とも密接に関わっていた。

フロンティアとしての江東

ここでいったん視野を広げて、十七世紀後半の江戸の都市域について考えてみたい。武家政権の中心地である江戸の人口は年を追うごとに増加を続け、都市域もみるみるうちに広がっていった。江戸の全域を示す現存する最も古い絵図は、寛永十九〜二十年（一六四二〜四三）ごろの景観を描いたと推定される「寛永江戸全図」であるが、これを見るとこの時点での都市域は南は品川・白金、西は渋谷・幡ケ谷・雑司ケ谷、北は駒込・浅草あたりまで、現在の山手線の輪をこえる程度まで拡大していたことがわかる。しかし東への拡大は隅田川にて抑えられており、これは明暦の大火前の他の絵図を見ても一貫して変わっていない。隅田川は国境の川でもあり、対岸は下総国葛飾郡である。こちらには近世初期に水運のため小名木川が開削され、また

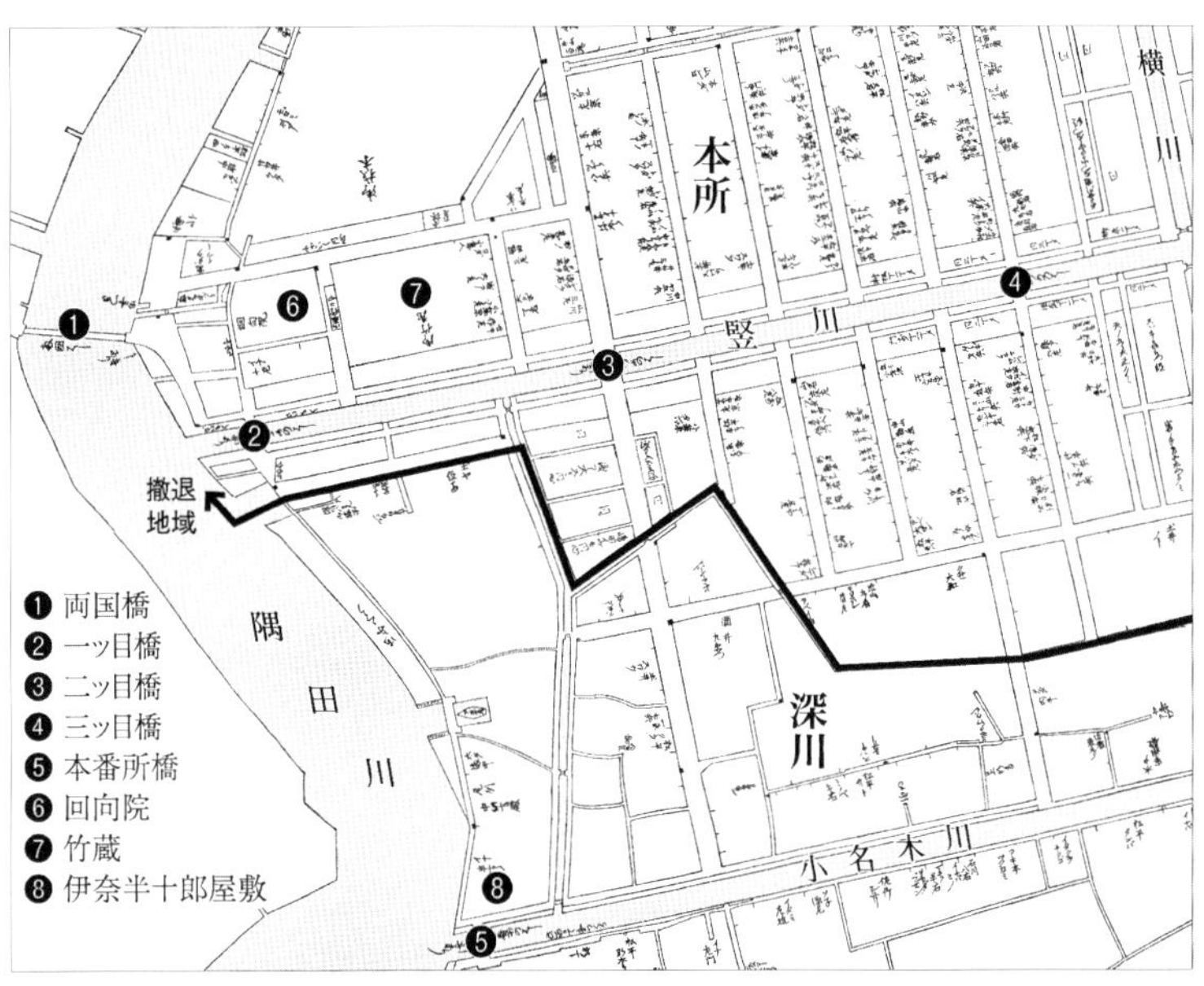

「寛文図」に描かれる江東
（活字と堀割網掛けは筆者追加．『古板江戸図集成』第２巻より）

河口付近に深川村・深川猟師町などの集落が成立していたほかは湿地帯が広がっていた。隅田川には橋も架かっていなかったようである。

　状況が変わるのは明暦の大火以後である。甚大な被害の教訓として幕府が学んだのは、延焼をいかに防ぐかという点であった。そこで幕府は都市内の要所要所に「火除地」という空き地を設けさせ、防火帯を形成する。ところがもと住居があったところを空き地化するとなれば代替地を用意する必要がある。その用地としてこれまでほとんど開発の手がつけられていなかった隅田川東岸、いわゆる江東の地が注目されたのである。

火災の翌年の万治元年（一六五八）、幕府は東岸の用地確保にとりかかり（「文政町方書上」）、開発が始まった。すでに開削されていた小名木川を基軸として、まず東西に走る竪(たて)川、南北に走る横川(よこ)（江戸城の方角が基準なので東西方向がタテである）の十字の運河を掘り、そのとき発生した土砂で湿地を埋め、土地の造成を進めていった。

隅田川には橋もかけられた。国境ということからのちに両国橋と呼ばれることになる大橋である。橋の東方には回向院(えこういん)という寺院が創建された（現墨田区両国二丁目）。一〇万人を超えるという明暦の大火の死者を埋葬し、その菩提を弔う目的であった。大火のさい、隅田川に橋がなかったために逃げ場を失い犠牲になった人びとが多かったこととも関係しているのだろうか。なお、この両国橋東詰から回向院にかけての界隈はのちに江戸有数の盛り場に発展することになる。死を思え(メメント・モリ)。

市街地開発はしだいに進展していったようで、「寛文図」には本庄（本所）・深川が含まれ、この時点（寛文十一年〈一六七一〉）で竪川周辺に旗本の屋敷が形成されていたことがわかる。直接の契機は大火であったとはいえ、江戸の急速なスプロールを考えれば、その波が江東まで波及するのは時間の問題であったといえよう。

ところが綱吉の代に至って状況は一変する。天和二年（一六八二）三月十四日、幕府は本所に屋敷のある武士に対して、屋敷替えの希望があれば申し出るようにとの通達を発する（『日記』）。ここでは居住者の自主性にまかせるというかたちになっているが、翌年閏五月の通達では、まだ移転していないものは替地を与えるので屋敷を返上するように求めており（『天和日記』）、やがて実質的な強制撤退となったのであろう。ここにおいてはじめて江戸は「縮小」する。

いったん開発した本所から撤退を決めた理由について、『実紀』は「常に水患をくるしむよし聞ゆれば」と記しており、低湿地ゆえの水害を指摘するが、本所開発の経緯を考えると果たして時代を考慮した判断であったかどうか。

せっかく市街化が進んできていた本所もこれによりいったん田園に還る。本所には町人たちも住んでいたが、間口に応じた立ち退き料を幕府が支払うことで移転に応じたという（「文政町方書上」）。

江東からの撤退

本所居住の武士を撤退させるとなれば、適切な帰還場所を用意してやらねばならない。どこに戻すのか。ここで綱吉の粛正政策が絡んでくる。

本所からの代替地の拝領は天和二年（一六八二）九月二十五日から記録が見られる（「本所住宅御替地拝領之衆」）。この日付けで計九六人の武士の移転がなされているが、うち半数弱の四〇人の移転先になったのは半蔵門外、他でもない先の越後騒動で改易となったばかりの松平光長の屋敷であった。

改易大名屋敷の割り当て

絵図で確認してみよう。普請奉行所が作成した城下町の屋敷割変遷図である『御府内沿革図書』を見ると、「延宝年中之形」では内堀に面して「松平越後守」と記された広大な屋敷が確認できる。現在の国立劇場から最高裁判所付近に相当する場所である。ところがつづく「天和二戌年以後之形」を見ると、この敷地は計四三（道路を挟んだ向かい屋敷を含めると四八）の区画に細分化されており、うち三九の屋敷が本所からの移転者にあたることがわかる。なお、先の四〇人のうち一人のみ名前が見出せないが、移転後間もなく再度引っ越したのであろうか。

さらに越後松平家の中屋敷は麻布三河台（現港区六本木四丁目）にあり、光長の甥で世嗣とされていた綱国が居住していたが、ここも同じように敷地が細分化され、本所からの二〇人の移転先となっている。こうして越後松平家の記憶は跡形もなく消し去られた。

騒動の処分は越後松平家のみならず、騒動に関連した役人にも波及していた。とくに大目付であった渡辺綱貞は、当初の審判において酒井忠清と結んでいたことが問題視され、延宝九年（一六八一）六月二十七日に八丈島に流罪となった。彼の屋敷は築地鉄炮洲、堺橋のたもとにあった（現中央区築地七丁目）が、この屋敷もまた細分化され、一一人の本所からの移転者に割り当てられている。

このほか越後騒動とは関係がないが、これらについで移転者が集中している場所として小石川の真田信利の元屋敷がある（一〇人が移転）。彼は上野国沼田三万石の藩主であった

『御府内沿革図書』に見る松平光長屋敷の変容（囲みと活字は筆者追加．『江戸城下変遷絵図集』第5巻より．）

が、重税にともなう一揆の勃発などが問題とされて天和元年十一月二十二日に改易となった。信利はこれより前、酒井忠清の後ろ盾を得て本家である信濃松代藩の家督を狙ったことがあり、そのあたりも綱吉の不興をかったのかもしれない。

以上四人の屋敷に移った人数を合計すると八一人で、実にこのときの移動者の八割四分を占めている。綱吉の粛正政治と本所撤退とは意外なところでつながっていたのだ。

むろん、これだけでは本所にいた全幕臣を収容するには足りず、十一月二十五日の第二弾では、青山宿に広大な下屋敷を所持していた青山幸利（摂津尼崎四万八〇〇〇石）に土地を供出させて、新たに五五人分の屋敷を割り出している。現在の南青山二丁目、青山通りと青山霊園の間の住宅街がこれにあたる。

芭蕉と江東

この一連の動きを眺めるためにやってきたような人物がいる。その名を松尾宗房というが、一般には芭蕉の号の方が広く知られているだろうか。

彼は伊賀国の出身であり、延宝三年（一六七五）に江戸に下って日本橋小田原町に寄宿し、その後神田上水の浚渫作業の請負人となるかたわら（延宝八年六月十一日町触）、桃青という号で俳諧の宗匠をしていたという（田中善信『芭蕉二つの顔』）。

日本橋時代の彼は弟子にも恵まれ、行政実務家としての才能も発揮していたようだが、延宝八年の冬、突如として住居を江東深川に移す。このことは通常、それまでの俳諧のあり方に限界を感じた桃青が新たな境地を求めて環境を変えたものとして説明されることが多いが、むしろそれは結果論というべきで、実際のところは当時日本橋にて同居していた桃青の妾と甥が密通のうえ駆け落ちをしてしまい、その発覚を防ぐためにしばらく身を隠す必要があったためという指摘がある（田中前掲）。隅田川の対岸、深川という新開地はそのために都合のよい場所であった。ここで彼は庵をむすび、俳号を「芭蕉」と改める。

芭蕉は深川のどこにいたのか。門人下里知足の貞享二年（一六八五）四月九日の日記には「江戸深川本番所森田惣左衛門殿御屋敷松尾桃青芭蕉翁一宿」という記述が見え（『知足斎々日記』）、この時点での芭蕉庵が武家屋敷の一角を借りるかたちで建てられていたことがわかる。「本番所」というのは小名木川が隅田川に合流する地点にあった船番所のことで、関東郡代伊奈氏が管理していた。「寛文図」には「イナ半十郎」の名前と「本（元）番所のはし（橋）」という記載が見えるので、おそらくこの敷地に相当しよう。現在当該敷地には芭蕉稲荷という小さな社がある（現江東区常盤一丁目）。

芭蕉庵から小名木川をこえて南下した先には臨川庵という庵室があった（現江東区清澄三丁目臨川寺）。ここは常陸国鹿島の臨済宗の古刹、根本寺（現鹿嶋市宮中）の江戸における拠点で、このころ住職の仏頂和尚が滞在していた。芭蕉はこの仏頂のもとで禅を学び、人生観を大きく変化させることになったといわれる。

ただ、それだけが転機の要因であったろうか。芭蕉が来た当時、北隣には尾張徳川家の蔵屋敷があり、さらに数百メートルほど進めば竪川に沿って建ち並ぶ町家群、さらには本所の新興武家屋敷があり、整然と区画された新開地がそこにはあった。しかし先に見たように、それからわずか一年数ヵ月後、幕府の本所からの撤退方針が打ち出される。武士も町人もしだいに隅田川の西へと引き揚げ、市街地が再び元の田園に戻っていくさまを芭蕉はこの目で見ていたはずである。芭蕉にとって無常とは観念上のものだけではなかった。それは都市の一部がまるごと消えていく過程としてリアルに体感されるものだったのではないか。

「住み替はる代」のあとさき

こうして江東の世界が夢の跡の叢（くさむら）へと転じていったころ、江戸城周辺ではいくつもの事件が立て続けに綱吉を襲っていた。

一つは嫡男徳松の死である。綱吉は徳松を溺愛していた。徳松が西丸に入ったとき、綱吉は病人はもとより、病人の看護をした人までも面会に制限を加え、可能な限り愛児を病から遠ざけようとしている（『実紀』）。しかしそうした過保護なまでの親心もむなしく、天和三年（一六八三）の閏五月、徳松は体調を崩し、いったんは快方に向かったものの、月末に病状はにわかに悪化、二十八日にあっけなく亡くなってしまう。わずか五歳であった。

徳松の死とともに「館林藩」は解体された。徳松附きであった、士分だけでも四百数十人に及んだとみられる家臣たちはこの時点で二重の支配関係を脱し、純粋な幕臣となるが、ただし編入後の彼らの大多数は小普請（こぶしん）、つまり何の役職ももたない幕臣とされていることに注意したい。江戸屋敷についても、旧家臣が徳松の死後に屋敷を与えられた例はごく数人にすぎず、まとまって屋敷の割り当てがなされた形跡は今のところ確認できない。小普請とされた家臣たちのなかにはやがて役職を与えられるものも多かったが、およそ積極的な取り立てがなされたとはいいがたい。この点、柳沢保明ら一部の寵臣とは対照的である。

その保明は翌貞享元年（一六八四）八月二十一日、ついに江戸城にほど近い西丸下の屋敷を与えられているが（『柳営日次記』、現千代田区皇居外苑）、ある時代の転換を示すかのように、その七日後の八月二十八日、第二の事件が襲う。酒井忠清に続いて大老に任命され、綱吉政権を主導していた堀田正俊が江戸城内で若年寄稲葉正休（いなばまさやす）（美濃青野（みのあおの）一万二〇〇〇石）に刺殺されたのである。綱吉にとってはわが子に続いて政務の右腕までも失うかたちになったが、このことは結果的に綱吉の専制君主化をいっそう進め、したがって将軍に近侍する保明らの地位をますます高めることにつながった。「犬公方」様の理想主義的政治思想と個人的情念とが複雑に絡み合ったかたちでの専制政治の時代がこうして始まる。

いわゆる「生類憐れみの令（しょうるい）」と称される諸法令が布告され、人間と自然、人間相互の関係のあり方の問い直しが進められたことは（塚本学『生類をめぐる政治』）、十七世紀末の日本における本格的な都市文化の時代の到来ともパラレルであった。そうしたなか、天和二年から進められていた江東撤退＝都市縮小策は結局転換を余儀なくされていく。江戸への人口流入はますます進み、江東への都市域の再拡張はもはや不可避なものとなっていたのである。貞享五年三月、本所での屋敷の割り付けが始まり（「屋敷証文」ほか）、九月には町人地も移されて（『天享吾妻鑑』ほか）町場化が再び進展していく。それは単なる復旧ではなく、町割の引き直しをも含む再設計によるものであったという（大槻泰士『江戸の町割に関する都市史的研究』）。

そうした江東の転換の局面を見届けたかのように、翌元禄二年（一六八九）三月、「草の戸も住み替はる代ぞ雛の家」の一句を残して、芭蕉は「おくのほそ道」の長い旅路に出発する。この「住み替はる代」とは、むろん出発前に売り払った芭蕉庵の住人の交代のみを指しているのではない。「雛の家」と二重写しになっていたのは、華やぎのなかにどこか儚(はかな)さを孕(はら)んだ繚乱の時代の予感であった。

「甲府藩」の記憶

根津神社内駒込稲荷

綱豊と白石

秘された子

六代将軍徳川家宣はもと綱豊といった。先にふれた「甲府宰相」こと徳川綱重の子で、家綱や綱吉から見れば甥にあたる。彼は寛文二年（一六六二）四月二十五日に「甲府藩」下屋敷の下谷屋敷（現文京区根津一・二丁目）で産声をあげた。幼名は虎松である。綱重にとっては待望の長男誕生のはずであったが、それだけに彼は悩んでいた。

綱豊の生母は保良という。後北条氏の旧臣の娘で、秀忠の娘天樹院に仕えていたところを（『幕府祚胤伝』）綱重に見初められ、寛文元年に子胤を授かったのである。ところがちょうどこのころ、綱重には関白二条光平の娘で九条兼晴の養女となった姫との縁談の話があり、二年九月には婚礼を控えていた。側室が跡継ぎの子を産むこと自体はこの時代珍しいことではないが、摂関家から正室を迎えるその直前という時期がいかにも間が悪かった。天樹院は綱重の乳母とも相談したすえ、結局生まれた男子を綱重の家老である新見正信のもとに預けることに決した（『実紀』）。こうしてこの綱重の長子は、実の親子関係を秘されたまま、「新見左近」という名で育てられたのである。

「館林藩」と同様に「甲府藩」の場合も、幕府から附属された家臣には江戸屋敷をそのまま所持するものも少なからずいた。家老の正信もそのひとりで、「寛文図」では小川町の武家地内に屋敷が二ヵ所見える（現千代田区神田小川町三丁目、神田神保町一丁目）。左近こと幼い日の綱豊は二歳から九歳までの日々をこのあたりで過ごした。すぐ近所には綱吉の母方の伯父にあたる、「館林藩」家老本庄道芳の屋敷があったが、このころはまだ家綱も健在で、将来の運命など予想すべくもない。

綱重の正室となった九条氏は子供もないまま寛文九年五月十四日に二十二歳の若さで世を去った。綱重は彼女に気を遣っていたのか、死してようやく左近を我が子として認知する決意を固める。このとき家老の島田時之（時郷か）と太田（大田か）吉成は反対意見を唱えたが、綱重は両人を改易してまでこれを断行した。寛文十年九月十九日、左近は新見家から「甲府藩」の桜田上屋敷（現千代田区日比谷公園）に入り、再び虎松と名乗る（『実紀』）。このときから彼にとって「甲府藩」の屋敷は特別な意味をもつ場所となった。

綱豊の人物像

延宝四年（一六七六）十二月十一日、虎松は元服し、将軍家綱から諱の一字をもらって綱豊と名乗った。その二年後、父綱重が急死したことにより、綱豊は十七歳で「甲府藩」を継ぐ。

前章で見た「館林藩」と同様、この「甲府藩」も一般的な藩とはやや異なる側面を有していた。綱吉は館林を一度しか訪れなかったが、綱重・綱豊親子にいたっては二代にわたって甲府に入城した形跡が見られない。家臣についても同様で、元禄八年（一六九五）の家臣団名簿である『甲府様御人衆中分限帳』（甲州文庫所蔵）を見ると、記載されている一一七四人の人名のうち、甲府勤務となっているのはわずか七一人にすぎなかったことがわかる。つまり藩主も大半の家臣も江戸桜田の上屋敷にて藩政に携わっていたのであり、その意味では「桜田藩」と呼んだ方が実態に近いのかもしれない。

「甲府藩」の石高は当初は「館林藩」と同じ二五万石であったが、台所事情は厳しかったようで、綱吉が将軍に就任した延宝八年に一〇万石が加増され、三五万石となった。これは当時の水戸藩の二八万石をこえるものであり、石高の面でも三家に引けを取らない「藩」となったといえる（その後水戸藩は元禄十四年〈一七〇一〉に石高を改め、同じく三五万石としている）。

「藩主」時代の綱豊について語るものとして、『土芥寇讎記』という興味深い史料がある。これは元禄三年ごろに書かれた、幕府による諸大名家の探索記録とみられ、それぞれの大名の地元での評判と、それについての論評を記したものである。極秘の調査であるから記述には遠慮がなく、称賛の言葉で飾られがちな公式の伝記からはうかがい知れないような大名の生々しい側面が垣間見える。

この探索は一般の大名家のみならず三家や甲府家も対象とされていた。当時綱吉の後継者は決まっていなかったので、探索員の報告はやはり綱豊に対しても手厳しい。現代語に訳して紹介してみよう。

綱豊卿はおのずから権威が備わっており、強く勇ましいところがあって、聡明・叡智のご器量といえる。文武についての評判はない。少々気が短いために、近習の面々はとがめをうけることが多く、総じて処罰される者が多いという。家来や領民を憐れんでいるといった評判はない。これは雄々しさに過ぎたところがおありのためだろうかといわれる。御父親の綱重卿も強く勇ましいところがおありで、仁の心が薄かったという風聞がある。本当かどうかはわからない。

気位が高く他人に厳しいという、まるで綱吉のことを語っているかのような報告である。このことは綱吉と綱豊の人物像を考えるうえで無視できないものがある。つまり、これまで「生類憐れみの令」をはじめとする綱吉の政治があまりに面白おかしく紹介されてきたがゆえに、綱吉についてはその異常性だけがいたずらに強調されてきたきらいがなかったか。むしろ報告にあるような性格は、将軍の最近親という高い格式を有する人間特有のものとして理解されるべきことなのかもしれない。

綱豊の自負心、およびそれとうらはらの峻厳さは「養父」であった新見正信にも向けられた。正信は延宝二年に隠居して不知斎と号し、その後もなお藩政にも影響力を有していたが、綱豊にとって「秘された子」としての過去とつながる彼の存在は疎ましかったのだろうか、延宝六年九月十五日に綱重が亡くなるや、綱豊は十一月七日に不知斎を甲府に蟄居させ、改易してしまう（『日記』）。「館林藩」で見たような、いくぶん歪んだ君臣関係がここでも影を落としているようである。

『土芥寇讎記』の報告では、綱豊には「文武についての評判はない」とあるが、実際には好学の人であったらしい（『折たく柴の記』）。このあたりも叔父の綱吉とよく似ている。綱豊の場合、彼の学問の指南役をつとめたのは浪人から登用された新井君美、号白石であった。

渡り歩きの儒者白石

のちに「正徳の知」の推進者のひとりとして名を知られることになる新井白石の前半生は波瀾に満ちている。白石の自伝である『折たく柴の記』によって、綱豊と出会うまでの経過を追ってみたい。

新井氏の祖は系譜上上野国の源氏とされているが、疑わしい。白石の父正済は慶長六年（一六〇一）に常陸国下妻（現下妻市）で生まれ、その後各地を流浪したすえ、寛永八年（一六三一）に上総久留里（現君津市）二万三〇〇〇石の領主であった土屋利直に仕えることとなったらしい。久留里藩の上屋敷は当初は大手門前、寛永十一年にこの屋敷が酒井忠世（上野厩橋一二万二五〇〇石余、忠清の祖父である）に与えられてからは常盤橋門内にあった。正済の藩での役職は目付であったので、彼は基本的に上屋敷に勤務していたと思われる。

白石が生まれたのは明暦三年（一六五七）二月十日のことで、父正済が実に五十七歳のときの子であった。このちょうど前の月に明暦の大火が江戸を焼き尽くしており、土屋の家中は、利直の外孫にあたる内藤政親（陸奥泉二万石）の柳原屋敷（現千代田区岩本町二丁目）に避難しているところだった。このため幼い白石は利直から「火の児」と呼ばれたという。あるいは生来の気性の激しさをも含意したものだろうか。

利直は延宝三年（一六七五）に六十九歳で亡くなり、後を息子の頼直（直樹とも）が継いだ。この頼直は素行が悪く、藩内には頼直の子、主税を藩主に擁立する動きがあった。正済はその動きに与していたようだが、このときの運動は失敗に終わり、結局そのため延宝五年に藩を追われることとなった。

白石はこうして浪人の身となったが、頼直はその二年後狂気を理由に改易され、主税は辛うじて三〇〇〇石の旗本として家の存続を許された。主税の方は自分も絡んだ内紛で追放された新井父子に負い目を感じていたのだろうか、ほどなく彼は白石を呼び出し、自分の諱の文字の選定を依頼している。このとき逵直と名づけられた主税と白石とはその後ある事件で関係することになるのだが、そのことは後でふれる。

白石が次に仕官することになったのは、すでに大老として権勢をふるっていた堀田正俊であった。勤務先は奇しくも、父の正済が初めて土屋家に仕官したときと同じ大手門前屋敷である。白石は攻撃的な競争心に富んだ野心家としての性格をもっていたというが（ケイト・W・ナカイ『新井白石の政治戦略』）、彼としては自らの学識を武器として大老の信任を勝ち取り、そこから未来を切り開こうとしていたのであろう。しかしその目論見は、仕官してわずか二年後の貞享元年（一六八四）に正俊が刺殺されることで頓挫する。正俊の跡は息子の正仲が継いだものの、大手門前の屋敷は没収され、領地も下総古河から出羽山形、ついでほどなく陸奥福島へとたらい回しにされた。藩の台所事情が厳しさを増していくなか、元禄五年（一六九二）に至って白石は仕官を辞す。見限ったというべきだろう。

再び浪人となった白石はこの年の九月に本所に居を移し、そこで塾を開いた。具体的な場所ははっきりしない。

若いころの白石は儒学のみならず俳諧もたしなみ、そちらの方面でも名を知られていた。延宝八年の句集『江戸弁慶』には彼の発句が掲載されているという（志田義秀『俳文学の考察』）。白石自身は後年、同門の室直清（号鳩巣）に対し、当時の自分は芭蕉のライバルだったと語ったというが（『兼山麗沢秘策』）、このあたり自信家の白石らしい。その芭蕉と同じように挫折を味わって江東に移ってきた白石であるが、彼が目にした世界は対照的に再び市街化の進む若き都市の息吹であった。浪人の身で塾を開くにはこうした新開地の空気が合ったのだろうか、本所では門人にも恵まれたようである。

白石はまだ堀田家にいた貞享三年から、儒者木下貞幹（号順庵）の門人となっていた。順庵は天和二年（一六八二）から幕府の儒官をつとめており、大名家にも太いパイプを有していた。そして元禄六年、本所の白石のもとに順庵から「甲府藩」の侍講の口が舞い込む。野心家白石に新たな道が拓けた。

「甲府藩」時代の白石と綱豊

白石が初めて「甲府藩」桜田屋敷に祗候したのは元禄六年（一六九三）十月十六日のことであった。このとき白石は三十七歳、綱豊よりも五歳年長である。待遇は四〇人扶持で、もとは三〇人扶持の予定だったのが順庵の主張により加算されたという。四〇人扶持はおよそ二〇〇俵に相当し、幕臣でいえば旗本と御家人の境にあたるから、順庵の主張はその点も考慮したものかもしれない。

この召し抱えのときから白石は日記を付け始めているが（『新井白石日記』、以下の白石の動向については同史料も適宜利用）、十二月二十六日が初めての綱豊への進講の日であった。以後綱豊が将軍となるまでの一五年間に重ねられた講義は一二九九日に及んだという。

すでにふれたように、「甲府藩士」には藩邸の外部に屋敷を得てそこに居住するものもいた。白石の場合も同様で、彼の日記には元禄七年二月二十七日に湯島に転居したという記事が見える。この屋敷は『甲府様御人衆中分限帳』では「湯島天神下」と記され、『折たく柴の記』は「高き岸の下にありし」とあるので、現在の文京区湯島三丁目、本郷台地の崖下のあたりであろうか。日記には「地代」の記載が見えるので借地だったのだろう。賃料は元禄十三年に値上げされ年間金四両二分となったとある。白石は俸禄の一部をこの支払いに充て、「藩士」時代を通じてここに居住していた。

白石は元禄十二年十一月四日に表寄合並(おもてよりあいなみ)となり、十五年十二月二十一日には二〇〇俵二〇人扶持に加増されている。暮らし向きはよくなったが、たとえばのちに正徳(しょうとく)の治を白石とともにリードする間部詮房(まなべあきふさ)は元禄八年の時点ですでに一二〇〇俵取りに出世しており、このころの白石はまだ綱豊の最近臣であったとはいえない。

そして当時の綱豊もまた、将軍候補の最右翼という立場ではなかった。綱吉は唯一の男子徳松(とくまつ)をすでに喪っていたが、ほかに鶴(つる)という娘がおり、彼女は貞享二年（一六八五）に紀州徳川家の世嗣であった綱教のもとに嫁いでいた。両人の間に男子ができれば、その子は綱吉の孫ということになるから、綱吉がこの夫婦に大いなる期待をかけていたことは想像に難くない。元禄期（一六八八～一七〇四）の綱豊にとって、将来はあまり希望に満ちたものではなく、江戸でのあり余る時間を白石との学問に過ごす日々が続いていた。

討ち入り異聞

さて、そうした時期の白石の日記のなかに、元禄の世を騒がせたある事件のことについて言及しているくだりがある。かの有名な元禄十五年（一七〇二）十二月十四日の赤穂浪士の討ち入りである。この事件は白石にとっては対岸の火事ではなかった。なぜなら討ち入られた吉良上野介こと義央の屋敷の隣には、白石がかつて仕え、改易後は旗本家として存続していた土屋家の屋敷があったからである。

この屋敷の場所は本所回向院の東隣（現墨田区両国三丁目）にあたる。かつては幕府の竹蔵があったが、元禄十一年九月六日の大火（勅額火事）の後、被災者の移転のため武家地として区画された。土屋逵直はそれまで外神田に居住していたが（現千代田区神田相生町・神田花岡町、秋葉原駅付近）、これにより本所の住人となっていたのである。この外神田の逵直屋敷の西隣には、義従弟にあたる旗本松平信望（通称登之助、五〇〇〇石）の屋敷があったが、彼もこのとき一緒に移されて逵直屋敷の南隣に屋敷を与えられている（「寛政呈譜」）。この屋敷こそがのちの討ち入りの舞台となったところである。

元禄十四年三月十四日の「刃傷松の廊下」の後、八月十二日に義央の屋敷は江戸城にほど近い呉服橋門内（現千代田区丸の内一丁目）から本所の信望屋敷へと移される。このことから幕府は暗に赤穂浪士の討ち入りの実現を後押ししたのではないかとする説もあるが、穿ちすぎであろう。そもそも義央が江戸城至近の地に屋敷を有していたのは高家肝煎として諸儀礼に携わっていたためであり、事件後の三月二十六日に職を退いた段階でここにとどまる理由はなくなっていたのである。

「屋敷証文」にはこのときの屋敷拝領の記録が残されている。新屋敷は坪数二五五〇坪、三四間余×七三間余の東西に長い敷地である。一般に屋敷をそのまま拝領する場合、土地のみならず建家や建具、長屋、土蔵、植木、石などまで含めて引き渡されることが多いが、この証文ではそうした記載がなく、ただ「四方間数・坪数、榜示杭のとおり、御絵図の面、相違ござなく請け取り申し候」とだけある。ここにはそれまでの生活の形跡がうかがえず、おそらく前拝領者の信望は土地を受け取っただけで（境界に杭を建てただけで）、実際には居住していなかったのではないか。吉良邸の図面の写しを見ると、街路に面して長屋を配し、敷地の中央部に東西に御殿が長く広がる姿を確認できるが、そうすると義央は拝領後一年ほどのうちにこれらを整備したことになる。高家肝煎を退いたいま、余生を送る場として考えていたのだろうか。

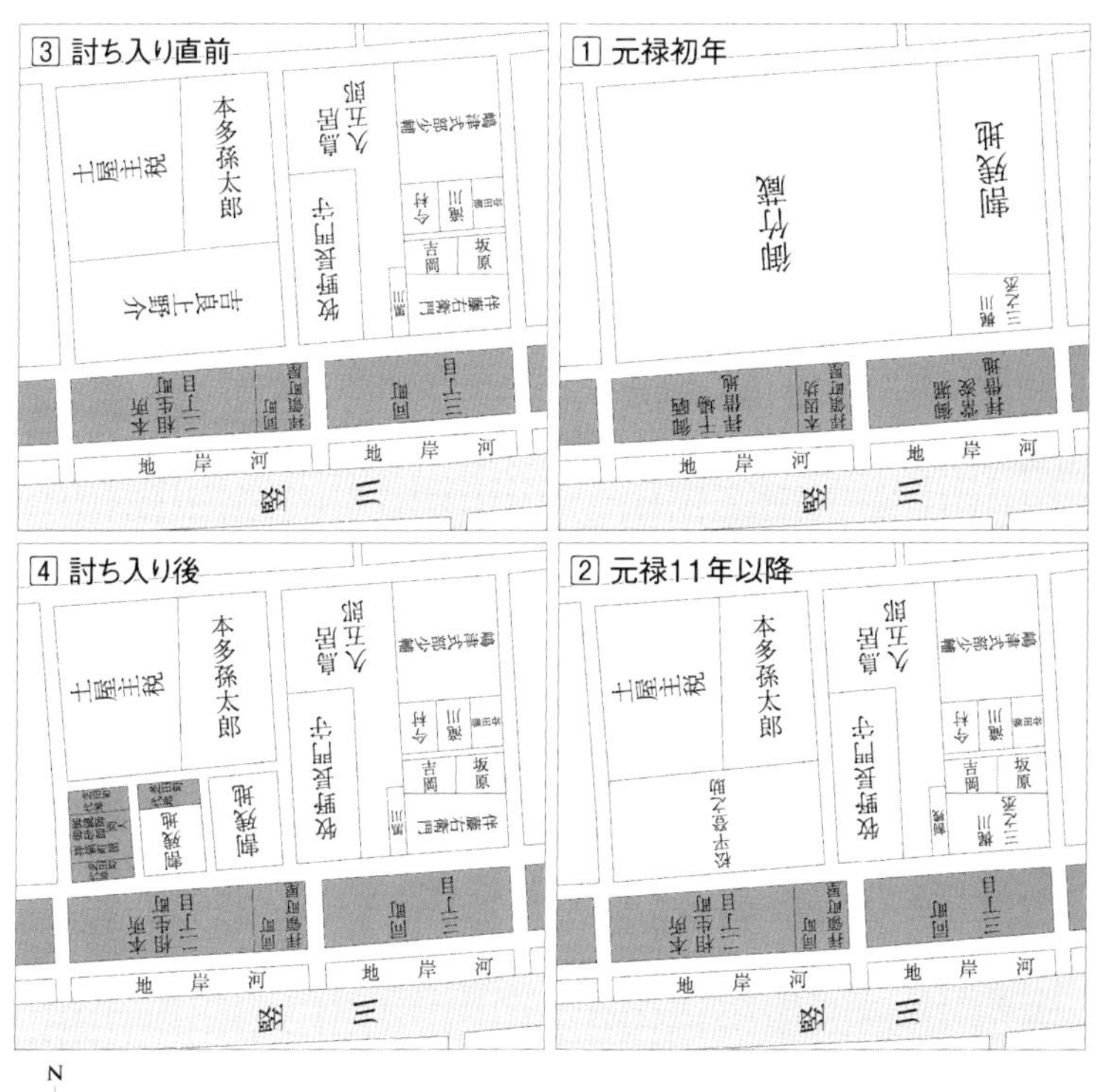

赤穂浪士討ち入り舞台周辺の変遷

（『御府内場末往還其外沿革図書』および屋敷拝領記事を参考に作成）

そうした義央の思いも虚しく、元禄十五年十二月十四日、彼は寝込みを赤穂四十七浪士に襲われて惨殺される。往来で待ち伏せするのではなく、標的の屋敷を直接集団で襲撃するというかたちをとったことは大きな演劇的効果を発揮したが、白石もこの報を受けて十五日に経過を日記に記録し、さらに翌日には本所へと足を伸ばしてかつて仕官した土屋家の逵直を見舞っている。先に述べたように、逵直の屋敷は義央の屋敷の北隣にあった。

このとき白石が逵直から聞いた話を、後年友人の室鳩巣が逸話として記している（『鳩巣小説』）。それによると、討ち入りの前にまず浪士方の使者が逵直の屋敷を訪れ、これから主君の仇を討つのでお騒がせすると挨拶したという。逵直はこれに理解を示し、吉良邸との境の塀に沿って射手を配置した。吉良邸からの逃亡者を射落とすためである。戦いが終わり義央が討ち取られると、使者は再び逵直のもとを訪れ、騒動の詫びを入れ、引き揚げていったという。

この話を白石から聞いたとき、鳩巣は次のような問いを投げかけている。

「なるほど赤穂浪士のふるまいは見事であるが、同じ幕臣で隣同士でもある人間を襲撃した一味を黙って引き揚げさせた逵直の行動は是とすべきだろうか」

というのである。これに対して白石は、

「主君の仇討ちであり、事前に断りもあったことだから、ことさら事をかまえることはあるまい。ただしそのまま引き揚げさせては武士の一分がたたないので、一党のうち二、三人を土屋家で預かり置くのがよかったのではないか」

と答えている。やや苦しい論理ではあるが、ここで鳩巣も白石も隣り合う武士としての一種の責務について言及している点に注意したい。すでに武家地の地縁的な治安維持システムについては寛永六年（一六二九）以降辻番（つじばん）の設置というかたちで運用されていたが（岩淵令治『江戸武家地の研究』）、ただし「討ち入り」の舞台は新開地の本所であった。義央は移転後一年余り、逵直にしても四年余りの居住歴しかない。そこでの「地縁」の内実とは何であったか。

事件後、義央の継嗣の義周（よしちか）は改易となり、本所の屋敷は没収された。跡地は更地（さらち）となり、細分化されて町屋敷となった。幕府としてはこの土地から、望ましくない討ち入りとの縁を断ち切りたかったのかもしれない。

ゆるやかな交代

綱豊から家宣へ

元禄の世は長かった。すでに関ヶ原の戦いから一世紀がたち、「平和」な時代を背景としてきらびやかな都市文化が花開いていた。しかし一方で、金銀産出量の停滞によって貨幣流通量は不足し始め、また経済構造の転換にともなって幕府の財政赤字も慢性化しつつあり、その華やぎは危機と表裏一体のものであった。

元禄八年（一六九五）に勘定吟味役荻原重秀（かんじょうぎんみやくおぎわらしげひで）の主導で実施された貨幣改鋳は、これまで経済混乱を招いた悪政として評価されることが多かったが、実際には一種の名目貨幣の概念を導入することでこうした経済危機を乗り越えようとしたものと評価できるという（大石慎三郎『江戸転換期の群像』、村井淳志『勘定奉行荻原重秀の生涯』）。ただ、そうした改革がその先駆性のわりに不十分にとどまったのは、災害に対する当時の社会の脆弱さも影響している。とくに元禄十六年十一月二十三日に関東地方を襲った大地震は江戸にも大きな被害をもたらし、これを契機に翌年三月十三日には宝永への改元が布告されている。

将軍家の周辺でもこのころ動きが相次いでいた。まず綱吉の娘で和歌山藩の三代藩主であった徳川綱教に嫁していた鶴が、この年四月十二日に疱瘡のためわずか二十八歳で世を去った。そして夫の綱教も後を追うように、翌年五月十八日に四十一歳で亡くなっている。紀州徳川家にとってこの宝永二年は、八月八日に二代藩主の光貞、九月八日に四代藩主頼職も相次いで亡くなるという異常な年であった。

綱教と鶴との間には子供はなく、鶴が亡くなった時点で綱吉の血を引く後継者が生まれる可能性はほぼ消滅した。宝永元年十二月五日、にわかに綱豊が綱吉の養子として西丸に入ることになったのはそのためであろう。九日には綱豊は諱を家宣と改め、名前の面でも彼が将軍の後継者となったことを天下に示した。

将軍への夢破れた和歌山藩では、跡を綱教・頼職の弟で越前葛野藩主となっていた松平頼方（四万石）が継いだ。この頼方、藩主になったさいに将軍綱吉から諱の一字を拝領し、徳川吉宗と改めている。彼が兄にかわって将軍の座を射止めることになるのはその一一年後のことである。

「甲府藩士」の幕臣化と江戸屋敷

この綱吉から家宣への政権交代は、家綱から綱吉への交代と比較していくつかの点で違いがある。まず、綱吉が家綱の養子に決したのは家綱の死の直前で、政権交代も急激に行われたのに対し、家宣が養子となった宝永元年（一七〇四）末の段階では綱吉はまだ健康を保っており（当時五十九歳）、家宣が将軍に就任するまで四年強の準備期間があった。

またもう一つの違いとして、「藩」の継続の問題がある。すでにふれたように、綱吉が将軍に就任した後も、嫡男の徳松が「館林藩」を継いでおり、大部分の家臣は西丸附きでありながら「館林藩士」でもあるという二重の立場におかれていた。これに対して家宣の場合は、この時点で男子がいなかったこともあり、「甲府藩」は解体され、家臣は基本的に幕臣として組み込まれることになったのである。綱豊の旧領三五万石のうち、甲府城を含む一五万石は綱吉の寵臣柳沢吉保（元禄十四年〈一七〇一〉に綱吉から諱の一字を与えられ保明から改名）に与えられた。徳川一門以外の甲府藩主はこれが初めてである。

旧「甲府藩士」を幕臣として編入するとなれば、江戸城下に屋敷を与える必要がある。その第一号となったのは家宣の側近中の側近、間部詮房で、十二月二十一日に馬場先門内に二六一五坪二合の屋敷（現千代田区皇居外苑）を与えられている（「屋敷証文」）。

ただしその後の旧「藩士」への江戸屋敷付与の出足は鈍い。すでに見たように、「藩士」時代から江戸に独立した屋敷を有していたものも少なくなかったし、またそうでない家臣もひとまず旧藩邸に住まわせておけばよかったからであろう。ようやく西丸附き家臣への屋敷付与が目立ってくるのは宝永三年になってからで、政権の移行と同様、屋敷の置き換えもゆるやかに進んでいった。

白石の屋敷拝領

新井白石が初めて江戸屋敷を拝領したのもこの宝永三年（一七〇六）のことである。先に見たように、綱豊に仕えてからの白石は湯島天神下の崖下の借地に居住していたが、晴れて旗本となったさい、江戸屋敷の拝領を願い出ていた。白石の日記によれば、その許可が出たのは七月四日のことである。

拝領許可が下りると、次は希望地を見つけて出願をしなければならない。白石が希望したのは小川町の二二〇坪の屋敷であった。ここは住吉広澄という医師の屋敷だったが、宝永二年四月三日に死去したために空き屋敷となっていたのである。

ところが二二〇坪という規模について戸田忠時（忠利とも、旧「甲府藩」家老、下野足利一万一〇〇〇石）や間部詮房から異議が出される。当時、拝領屋敷の規模については、居住者の石高に応じた基準がつくられていた。これを高坪規定という。出願時点での白石の禄高は二〇〇俵四〇人扶持、石高では三〇〇石相当である。元禄六年（一六九三）の高坪規定では、石高三〇〇石から九〇〇石までの基準坪数が五〇〇坪となっているので（『日

表　元禄6年（1693）の高坪規定

備考（宝永3年頃の代表的人物と屋敷）
柳沢吉保（大老格，甲斐府中150,000石）：神田橋門内坪数不詳（2万数千坪か）
土屋政直（老中首座，常陸土浦75,000石）：龍口9,263坪余
戸田忠時（元西丸側衆，下野足利11,000石）：神田橋門外2,881坪（相対替で獲得） 間部詮房（西丸側衆，相模国内10,000石）：西丸下坪数不詳（4,000坪程度か）
井上正長（西丸側衆，8,000石）：虎門内2,016坪
越智清武（家宣弟，4,000石）：鍛冶橋門内3,692坪
荻原重秀（勘定頭，3,200石）：小川町1,777坪
新井白石（西丸寄合，200俵40人扶持）：雉子橋門外355坪

『日本財政経済史料』第八（財政経済学会，1923年）より作成．

本財政経済史料』巻八）、やはり二二〇坪ではずいぶん狭い。日記によれば、白石は忠時からも詮房からも、なぜこのような狭い屋敷を希望するのかと問い詰められ、出願を取り下げるよう説得されたという。結局この屋敷は七月十二日に近藤玄辰という儒者が拝領している。彼の禄高は一五〇俵であったから、こちらは順当といえる。

小川町屋敷を取り下げた後、白石はつづいて九月十六日に小石川の元戸川安村屋敷の拝領を願い出るが、これも詮房から見合わせた方がよいとの手紙が来て翌日に取り下げる。証文を見るとこの屋敷は五〇〇坪あり、規模の面では十分であるが、九月二十一日に同じ元「甲府藩士」で西丸桐間番となっていた長義孝（四〇〇俵）がこの屋敷を拝領してい

石　高	基準坪数
100,000～150,000	7,000
80,000～ 90,000	6,500
60,000～ 70,000	5,500
50,000～ 60,000	5,000
40,000～ 50,000	4,500
30,000～ 40,000	3,500
20,000～ 30,000	2,700
10,000～ 20,000	2,500
8,000～ 9,000	2,300
5,000～ 7,000	1,800
3,000～ 4,000	1,500
2,000～ 2,900	1,000
1,000～ 1,900	700
300～ 900	500

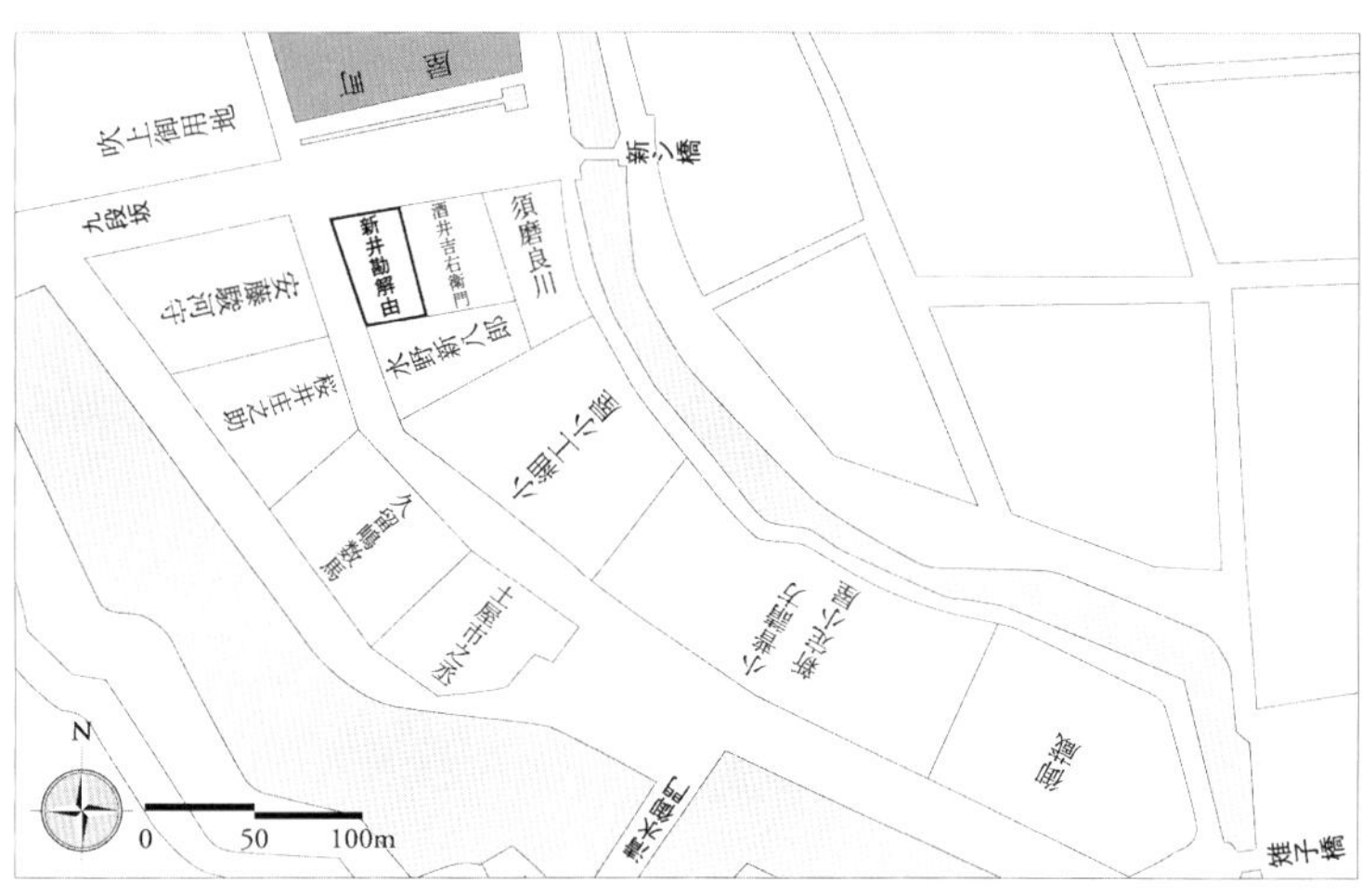

新井白石の雉子橋門外屋敷（『御府内沿革図書』を参考に作成）

ることからすれば、元「藩士」同士の利害調整もなされていたのかもしれない。

屋敷一つ拝領するのも手がかかるもの、本決まりとなったのは翌年になってからで、五月十九日にようやく白石は雉子橋門外の三五五坪の敷地を普請奉行水野忠順から受け取るに至った（現千代田区九段南一丁目）。この敷地は小普請定小屋の跡地で、この日白石のほか三人の元「甲府藩士」が屋敷を得ている。白石の日記によれば、これより先の四月十日に、屋敷について家宣の内意を受けたとある。当時の武家屋敷の受け渡しに関する実務は普請奉行所が担当していたが、拝領の決定はそこだけで完結するものではなく、幕閣の意見はもとより、とくに旧「甲府藩士」の屋敷拝領については忠時や詮房といった西丸勢力の考えが少なからず反映されていたことがわかる。

白石が得た屋敷は定小屋の跡地であったので、更地となっていたとみられる。そこで建家は、旧「甲府藩」浜屋敷（現中央区浜離宮庭園）の蜂屋善苗（通称源八郎）の屋敷を移築することに決した。蜂屋源八郎の名前は『御府内沿革図書』の「番町之内　宝永七八年以後之形」のなかに見えるから、すでにこのころには番町で屋敷を得ていた（現千代田区九段北三丁目）ために浜屋敷内の彼の屋敷は無人化していたのだろう。資材の入手が容易ではなかったこの時代、使えるものは使わなければならない。なおこのとき白石は引っ越しの手当（引料）として二〇〇両を下賜されている。新宅に移ったのは七月二十一日で、白石もようやく落ち着く場を得た。

旧「甲府藩士」の移転先

白石以外の多くの旧「甲府藩士」たちも、宝永三年（一七〇六）ごろからしだいに江戸城下に屋敷を拝領し始めている。ただし外堀内部の武家地の大部分はすでに屋敷が建て詰まっており、白石が当初苦労したように、自分の石高や役職にふさわしい規模の屋敷がそう都合よくあいているものではない。そうすると、ある程度まとまったかたちで屋敷を与えるとなれば、江戸周縁部の空き地や、大名の広大な下屋敷の跡地などが利用されることになる。実際、宝永以降の旧「甲府藩士」の屋敷拝領を分析していくと、いくつかの集中地域を見出すことができる。

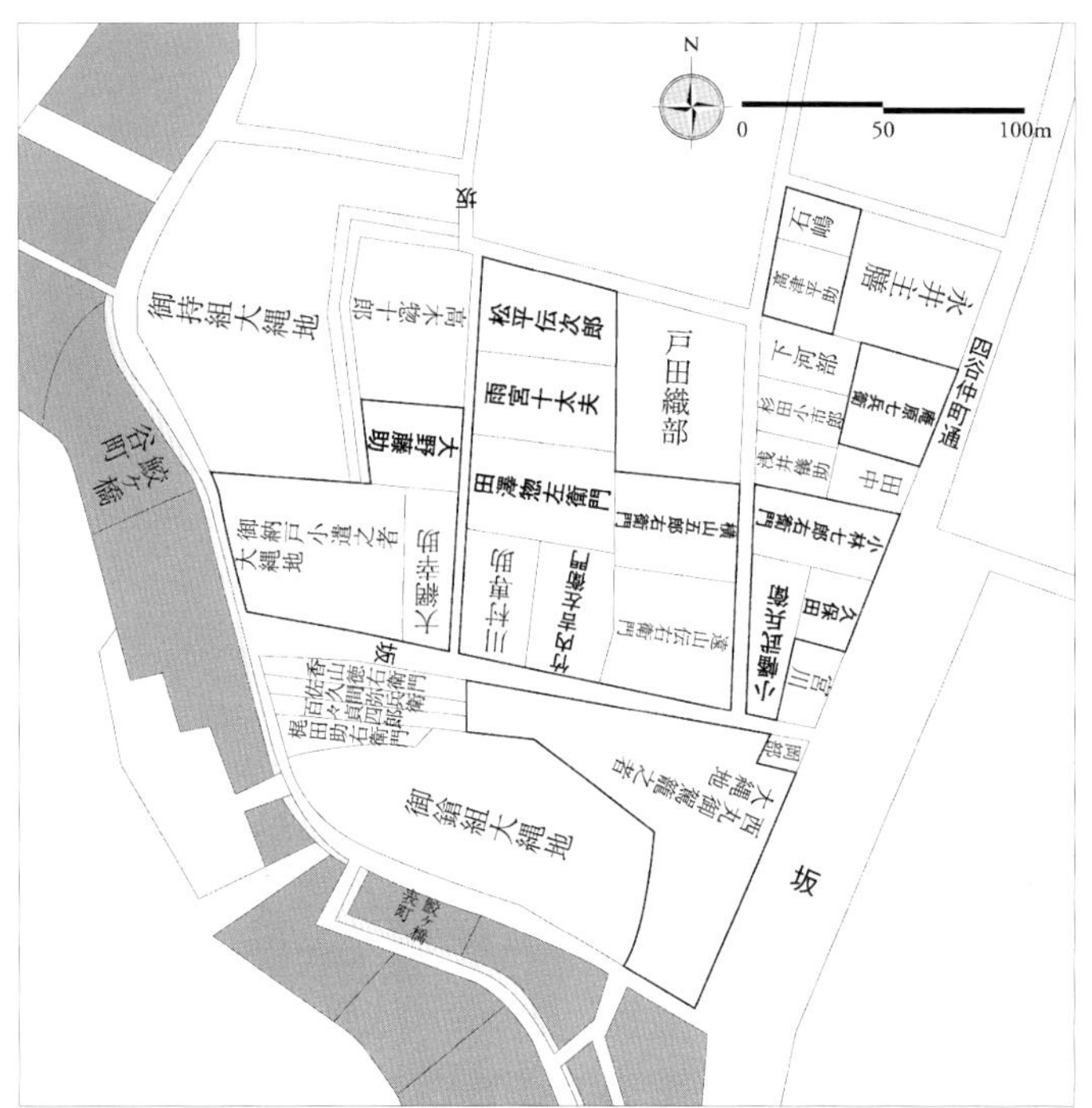

宝永３年（1706）末頃の四ッ谷鮫河橋

（『御府内沿革図書』を参考に作成．太線で囲んだ屋敷の拝領主は西丸関係者，ゴシックの人名は「甲府藩」出身幕臣を示す）

そのうちのひとつ、四ッ谷鮫河橋（現新宿区若葉一・三丁目）を見てみよう。現在の四ッ谷駅の南西にあるこの地には、寛永以前から組屋敷および旗本服部氏（三〇五〇石）の下屋敷があった（「寛永江戸全図」）が、元禄八年（一六九五）に服部氏が去ってからは大部分が空き地となっていた。この地に再び開発の手が入るのが宝永期で、宝永三年末の『御府内沿革図書』を見ると、新しく道路が通されて屋敷が区画され、その大部分が西丸にて家宣に仕える幕臣のために割り当てられていたことがわかる。なお図に示した区域は東側と北側が四ッ谷の台地につながり、一方西側と南側が低く落ちくぼんでいるが、旧「甲府藩士」の屋敷は台地側に多い。谷側は居住条件の悪い低湿地のため大部分が組屋敷として下級武士に与えられており、のち明治期には東京三大スラムのひとつとして知られるようになる（横山源之助『日本の下層社会』）。

この鮫河橋と並んで旧「甲府藩士」の集中が目立つのは、赤坂の溜池端（現港区赤坂一～三丁目）である。ここも十七世紀段階では空き地となっていたが、宝永期（一七〇四～一一）に三一の武家屋敷が割り出され、宝永五年時点ではこのうち二二屋敷が旧「甲府藩士」に与えられている（『御府内沿革図書』）。ただ居住には適さなかったのか、吉宗の時代になると溜池端の屋敷地は召し上げられてまた空き地に戻っている。

一方、元大名屋敷を宛てた例としては、青山宿の越前高森藩邸と越前葛野藩邸（現表参道駅付近）がある。これは和歌山藩三代藩主綱教の弟である松平頼職・頼方（のちの吉宗）の屋敷であるが、先に述べたように宝永二年に綱教と頼職が相次いで亡くなり頼方が本家を継いだため、この屋敷は幕府に返還された。跡地は細分化されて宝永三年二月九日以降やはり旧「甲府藩士」に与えられることになるが、その第一号となったのが、この年の正月九日にとうとう大名に昇進していた間部詮房（相模国内一万石）であった（「屋敷証文」）。また二十一日には同じく「甲府藩」時代からの近臣であった戸田忠時も下屋敷を与えられている（同右）。のちの吉宗と家宣・家継家臣との関係を考えると、この屋敷交代は皮肉な巡り合わせである。

再編される旧「甲府藩邸」

このように宝永三年（一七〇六）ごろから旧「甲府藩士」への屋敷給付が進んでいったことは、かつての「藩邸」から江戸市中へと移転がなされたということを意味する。とくに新屋敷地が更地であった場合は建家も一緒に移されたと考えられ、それは先に見た白石の他にも事例が確認される。したがって旧「甲府藩邸」は宝永元年十二月からの政権移行期のなかで、ゆるやかにではあるが解体と再編が進んでいったといえよう。

「甲府藩邸」の場所は時期によって変遷してはいるが、宝永元年の時点では上屋敷が日比谷門外（桜田屋敷）に、中屋敷が木挽町（浜屋敷）に、下屋敷が青山権田原（現港区北青

山一丁目・元赤坂二丁目・新宿区霞岳町)、三田(現港区麻布永坂町・麻布狸穴町・東麻布三丁目・麻布台三丁目・麻布十番一丁目)、下谷にあった。

まず「藩政」の中心地であった桜田屋敷は、家宣が西丸入りしてからはそのまま幕府の桜田用屋敷に転用された。これは幕末まで残ったので、旧「藩邸」のなかでは最も変化が少なかったと考えられる。

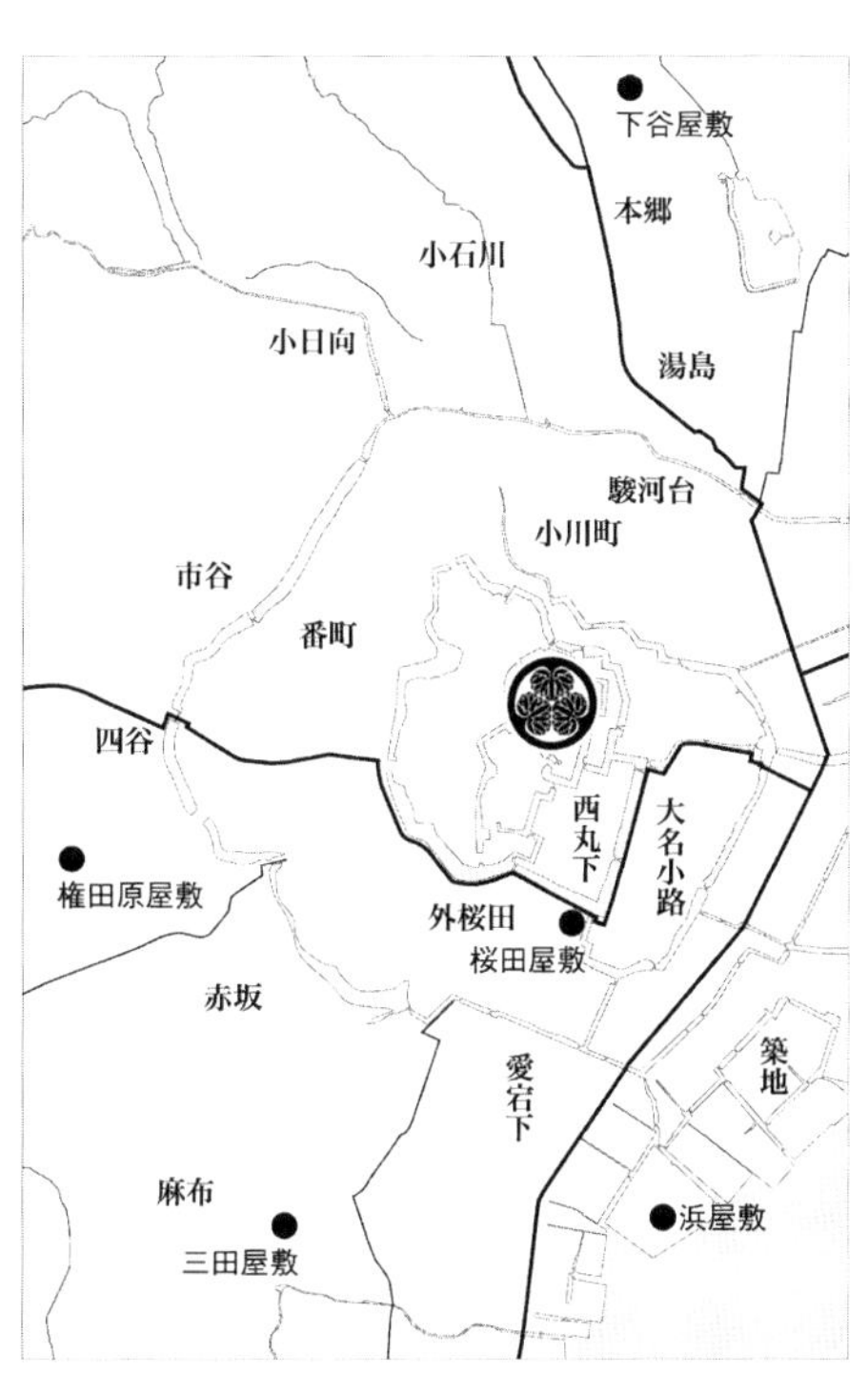

「甲府藩邸」の分布

下屋敷の権田原屋敷は赤坂の和歌山藩中屋敷の西に接していた。家宣の西丸入り後、東側は和歌山藩邸に囲い込まれたようだが、西側は幕府の用屋敷となった。それでも屋敷の記録を見ていると、とくに西丸に仕える下級幕臣が屋敷内の蔵や長屋を借りて居住していたことがわかる。三田屋敷も同様で、用屋敷となった邸内の屋敷や長屋には多く旧「藩士」たちがなお居住していたし、また次にふれる浜屋敷から移転してきたものも少なからず見られる。「甲府藩」はなくなっても、受け皿としての「藩邸」の枠組みはなお生きていたようである。

一方中屋敷の浜屋敷では、「藩邸」の機能のうち、居住ではなく儀礼・遊興の性格のみに特化した再編が行われた。「甲府藩」時代の浜屋敷の様相については元禄九年（一六九六）二月九日の新井白石の日記からうかがうことができる。この日白石は四つ時（午前十時ごろ）に御殿に行き、昼過ぎに庭を拝観、茶屋で菓子と酒をいただき、船で御亭に渡るなどして楽しんだという。このように、「甲府藩」時代の浜屋敷は「藩士」の居住の場であっただけでなく、池水式庭園を備えた遊覧の地でもあった。

家宣が西丸に入ったときこの屋敷も幕府に戻されたが、江戸湾に面する風光明媚な立地でもあることから、とくに後者の機能に特化した再編が行われた。言い換えればそれは居住地としての機能を移転させるということでもあり、宝永二年十二月以降、召し上げられた邸内屋敷の代替地の拝領の記録が確認できる。白石が雉子橋門内の屋敷を得たときのような浜屋敷内からの建家移築は、その意味で一石二鳥の策であった。

浜屋敷の改修工事は宝永四年九月四日に開始されているから（『実紀』）、このころには移転も完了したのであろう。その工事も年末には終わり、翌三月十一日には家宣が御殿を訪れている（同右）。

浜御殿は家宣の将軍就任後はさらに重要性を増したようで、京の貴族の饗応や軍船の閲見など、幕府・将軍の儀礼の場として活用されていく。そして明治維新以後は浜離宮となり、戦後は東京都に移管されて浜離宮恩賜（おんし）庭園として市民の憩いの場となっている。

甲府宰相の聖地

そして旧「藩邸」のうちで最も大きくそのすがたを変えたのは下谷屋敷である。下谷屋敷は家宣がこの世に生を受けた地であり、「秘された子」として育った彼としてはとくに思い入れのある場所であったろう。家宣が西丸に入ってからその跡地にはなお旧「家臣」が居住していたが、宝永二年（一七〇五）にその広い敷地の一部を利用して、それまで千駄木団子坂（せんだぎだんござか）上にあった根津権現（ねづごんげん）（現文京区千駄木三丁目）を遷座することが決まった。むろん、家宣がお宮参りを行った産土神（うぶすながみ）としての関係によるものであろう。

『御府内場末沿革図書』を見ると、権現社地は旧屋敷地の西北部に確保され、参道には

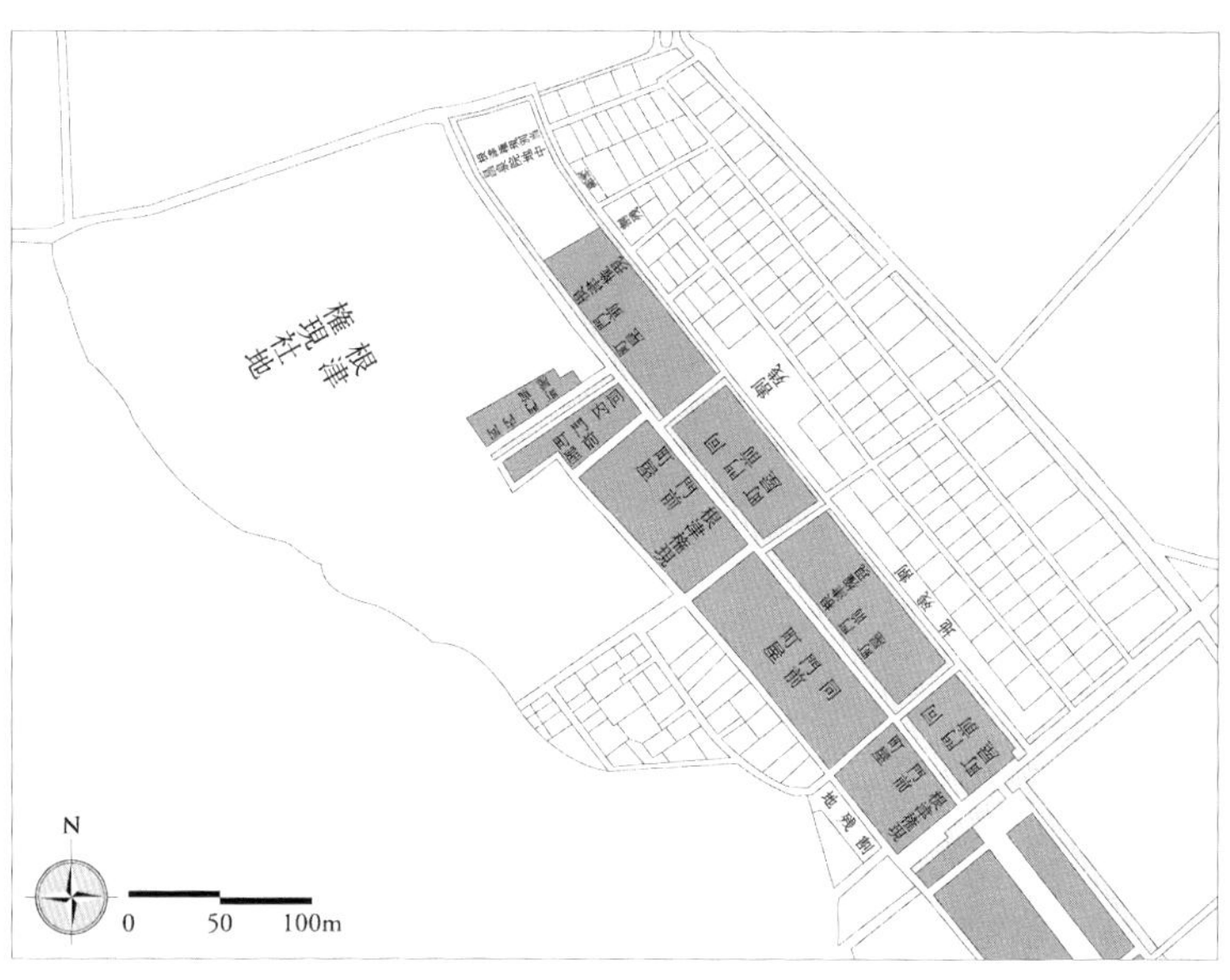

「甲府藩」下谷屋敷から根津権現・門前町・武家地へ
（『御府内場末往還其外沿革図書』を参考に作成）

門前町屋が設定されていることがわかる。その裏手には武家屋敷が広がっている。「藩邸」時代の内部空間がどのようなものであったかについては図面が残っていないので不明であるが、ある程度の想像はできる。たとえば下谷屋敷の近所にあった本郷の金沢藩（加賀藩）上屋敷はその内部構造がはっきりと明らかになるが、この屋敷は中心部に政務空間と藩主家族の居住空間（御殿空間）があり、その周辺を家臣団の長屋（詰人空間）が取り巻くという二重の構成をとっていた（吉田伸之「近世の城下町・江戸から金沢へ」）。上屋敷と下屋敷という違いはあるが、下谷屋敷には御殿も家臣団屋敷も存在したと考えられるので、おそらく同様な二重の構成が見られたのではないか。屋敷の地形を見ても、土地は本郷台地の崖下に位置しているので、御殿は土地の高い西側にあった可能性が高く、したがって基本的には御殿部分を社地に、周辺の家臣団屋敷を武家屋敷地に転用するかたちで屋敷跡を再編したと考えられる。ただすべてが対応していたわけではなく、社地にかかるということで巣鴨へ移転を強いられた旧「家臣」もある程度いたようである。このさい、自分で家作をして住んでいた家臣には幕府から手当が支給されている（『柳営日次記』）。

権現社の造営が完了し、正遷宮が行われたのは宝永三年十二月三日である。図面をもとに、権現社の空間を歩いてみよう。総門は現在の地下鉄根津駅、根津一丁目交差点付近にあった。門前の主軸は不忍通りに相当する。この道を三〇〇メートルほど北西に進んだところで参道は左に折れる。この道の左手には社家屋敷、右手には別当の昌泉院があった。これを一八〇メートルほど進んで道は再び右に折れ、その先に楼門が建っている（現存、重要文化財）。正面には東照宮と同じ権現造りによる拝殿・本殿（同右）が鎮座する。

社殿の左手は小高い丘になっており、そこにはいくつかの祠が祀られていた。注目すべきは稲荷社が五ヵ所もある点で、その名も駒込稲荷、土手上稲荷、桜田稲荷、浜稲荷、三

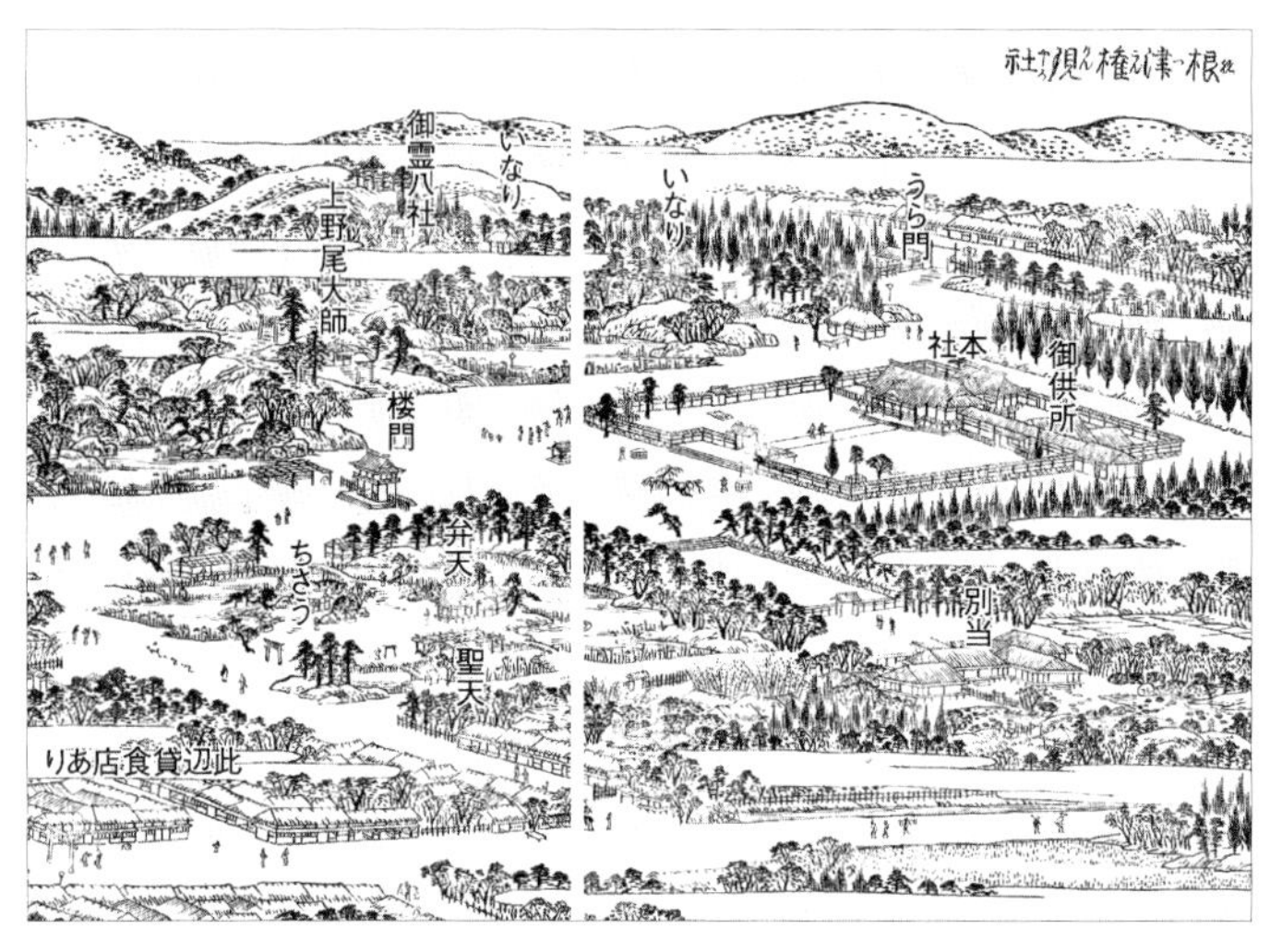

『江戸名所図会』に見る根津権現社境内空間
（部分．活字は原図の書き起こし）

田稲荷という（「文政寺社書上」）。駒込稲荷は下谷屋敷の邸内社として寛文元年（一六六一）からあったものだが、ほかは江戸城吹上（ふきあげ）庭園、桜田屋敷、浜屋敷、三田屋敷から移設したものである。また本殿の横手には家宣の胎盤を奉納したという胞衣塚（えなづか）までも祀られていた。「甲府藩」時代の屋敷および江戸城からの稲荷遷座といい、この胞衣塚といい、境内の所々に配される聖跡は、徳川家を荘厳するというよりは明らかに家宣個人の半生の記憶をこめようとするものであった。綱吉はこのときなお健在ではあったが、将来の政権交代を見据えた後継者の神格化は着々と進んでいた。出生のときの経緯を思えば、それはなおさら必要なことであったろう。

天下祭の夢

宝永五年（一七〇八）の冬、日本国内を麻疹（はしか）の流行が襲った。江戸城も例外ではなく、はじめ世嗣家宣がかかり、月末には将軍綱吉にも飛び火した。家宣は回復したが、綱吉の方は症状をこじらせ、翌年正月十日にあっけなく亡くなってしまう。享年六十四。前日に快気祝いとして無理に酒湯（ささゆ）の儀を強行したのが悪かったのかもしれない。この綱吉の急な死により、五月一日に家宣は四十八歳にして六代将軍となる。

このころ家宣は前後して四人の男子を設けているが、幼児死亡率が高かったこの時代、元服（げんぷく）を迎えられたのは家宣が将軍になって最初の子である鍋松（なべまつ）（のちの家継）ただ一人だけである。この鍋松が生まれたときのお宮参りが行われたのも父家宣と同じ根津権現であった（同右）。「家宣王朝」の聖地というべきだろうか。

家宣は将軍に就任するや、評判の悪かった生類憐れみの令を廃止するなど前政権の弊を改め、間部詮房や新井白石を側近として儒教的理想主義にもとづく改革に着手するが、わずか三年後の正徳二年（一七一二）十月十四日、風邪を悪化させて薨去（こうきょ）する。享年五十一。

跡を継いで七代将軍となった家継はこのときわずか四歳で、かつ家宣の血をひく唯一の男子であった。将軍の個人的な能力が重要な意味をもつ時代ではすでにないとはいえ、将軍の地位が血統によって支えられている以上、政権の基盤は危うさを孕（はら）んでいた。

そうしたなか、正徳四年九月二十二日に根津権現を舞台として開催された天下祭（もとは正徳二年に予定されていたが、家宣の死により延期されていた〈『柳営日次記』〉）は家継政権にとってその正統性を人々に印象づける格好の機会となった。それまでの将軍上覧の天下祭は神田祭と山王祭の二つで、延宝九年（一六八一）以降隔年交代で行われていたのが、ここで根津権現の祭礼がもう一つの天下祭として加わり、三年交代で実施されることが決まったのである（同右）。

祭礼行列は根津惣門を出て神田橋門外まで南下し、護持院通りを西に進み、飯田町を経て田安門から北丸に入る。吹上では将軍の上覧を得て、いったん竹橋門を出て大手に廻り、大名小路を行く。鍛冶橋門を出ると今度は町人地に入り、東海道を北上して日本橋に出る。ここからは中山道を北上して筋違橋に至り、上野通りを経て根津権現に戻っている（『正宝事録』、『柳営日次記』）。行列に参加した町のグループは五十番におよび（『続府内備考』）、これは四十五番の山王祭、三十六番の神田祭を上回る規模であった。このときの行列のきらびやかさは前代未聞のもので、その様子は「根津権現天下祭絵巻」に描かれていたというが、惜しくも戦災により失われた。

三年交代の原則では、次の根津の天下祭は正徳七年に行われる予定であったが、その前年に家継が八歳で薨去し、跡を継いだ吉宗は予定の年（将軍交代にともない改元されたため享保二年）の四月一日に、根津祭礼への幕府の関与を取り止めた（『柳営日次記』）。根津の「天下」は、夢と消えた。

吉宗東征

和歌山城大手門

南海の吉宗

紀州の四男坊

貞享元年（一六八四）十月二十一日、和歌山城下吹上の地（現和歌山市吹上二丁目）で紀州徳川家に四番目の男の子が生まれた。幼名を源六という。父は和歌山藩（紀州藩）二代藩主の徳川光貞で、このとき五十八歳という高齢であった。この光貞は『土芥寇讎記』では勇ましさと仁愛をあわせもつ深慮の人として記されており、時の将軍の甥であった綱豊にさえ容赦のないほどの辛口の批評が特徴の同書のなかでは異色ともいうべき高評価である。実際にはこのころから藩財政は苦境にあったというが、少なくとも領民からは慕われていたようである。

母の由利は三十歳。系譜では巨勢利清という藩士の娘とされるが、それ以前の分限帳には巨勢を称する人物の存在を確認できず、真偽は疑わしいという（三尾功「紀州時代の徳

川吉宗　考証」)。一説には和歌山で行き倒れになって大立寺（現和歌山市橋向丁）という城下の寺の門前で救われた西国巡礼の母娘があり、その娘がのちに城に奉公に出てお由利の方と呼ばれるようになったともいうが（『南紀徳川史』）、定かではない。ただ、源六がいったん捨て子とされ、家臣の加納政直に養育されたとする伝承（同史料に採録されているが、三尾氏が指摘するように史料的根拠は薄い）が生まれたことは、母の出自をめぐるこうした言説と無縁ではない。後年の吉宗が質朴な生活にこだわりをみせたことの原点はあるいはそこにあったのかもしれない。

源六には三人の兄がいた。ただし二男の次郎吉は延宝七年（一六七九）に十三歳で亡くなっているので、誕生時点で健在だったのは二人である。長男の綱教はすでに二十歳の青年であり、翌年春には将軍徳川綱吉の娘鶴との婚儀も控え、次期将軍も夢ではない前途洋々たる立場にあった。一方三男の長七は四歳年長で、こちらは比較的源六と近い境遇にあったといえる。元禄十年（一六九七）四月十一日に綱吉が和歌山藩邸を訪れたさいに、この二人は同時に三万石ずつの領地を与えられて大名となっているが（越前高森藩・越前葛

源六誕生時の紀州徳川一族略系図
（丸数字は年齢、灰字は故人を示す）

- 頼宣
  - 光貞㊿⑧58
    - 綱教⑳　＝（婚約）＝　鶴⑧（綱吉㊴の娘）
    - 次郎吉
    - 長七（頼職）⑤
    - 源六（頼方）①
  - 頼純㊹

綱吉㊴ ― 鶴⑧

ぐくらいが関の山であったろう。長幼の序という原則は本人の能力とは別の次元にあった。なく、このまま名ばかりの支藩藩主をつとめるか、どこかの大名家の養子となって跡を継に紀州藩主の座がまわってくる希望があったが、さらに年少の源六改め新之助にはそれも「藩主」であった。それでも長七改め頼職の方は、兄綱教が将軍の座を射止めれば代わり野藩）、ともに領地に自ら行くことはなく、代官に政務を委託するだけの、名ばかりの

転機

元禄十二年（一六九九）七月六日、十六歳となっていた新之助は元服し、頼方と名乗った。成人した彼は身長六尺（約一八〇センチ）をこえる偉丈夫となっていたと伝えられているが、徳川氏の菩提寺である大樹寺（現岡崎市鴨田町広元）に安置されている、臨終時の身長に合わせて作成されたとされる位牌の高さは一五五・五センチであり、実際には当時としてはごく平均的な身長の人物であったようだ（『大樹寺の歴史』）。このように彼には後世に付与された英雄的なイメージがつきまとい、実像はなかなか見えにくい。

頼方は名目上は葛野三万石の藩主とされていたとはいえ、先にふれたように領地には一度も足を踏み入れておらず、生活の中心は江戸と和歌山にあった。頼方は元服直前の元禄十二年四月十四日から江戸におり、そのまま約三年ほどにわたって藩邸にあった。

元禄十五年二月十九日、頼方は父光貞とともに江戸を発ち、和歌山への帰路につく。彼

にとっては元服後初めての故郷である。頼方にはすでに和歌山に屋敷を与えられていたようであり、元禄十三年の「和歌山町割之図幷ニ諸士屋敷割姓名附」（和歌山県立図書館所蔵）では、城下町西部、海に面した「湊」と呼ばれる武家地の一角に「主税頭様御屋敷」という記載が見える（現和歌山市伝法橋南ノ丁、市民会館付近。主税頭は頼方の官職名）。なお兄頼職の屋敷は伝法橋をはさんだすぐ北東にあった。

転機はすでに述べたように宝永に入ってから訪れた。宝永元年（一七〇四）の鶴に始まり、翌年の綱教・光貞・頼職の相次ぐ死により、頼方は名ばかりの四万石の主（頼職が藩主を継いださいにその旧領から一万石を加増されていた）から一躍和歌山五五万五〇〇〇石という大藩の藩主に躍り出たのである。十二月一日に頼方は左近衛権中将に任じられ、また将軍綱吉から諱の一字を与えられて吉宗と改名している（『日記』）。吉宗二十二歳のときである。

和歌山城下町の構造

吉宗が藩主であった時期はこの宝永二年（一七〇五）十月十六日から、将軍後継者となった正徳六年（一七一六）四月三十日までの一〇年半である。藩主には参勤交代が課せられているので、このうち和歌山に滞在していたのは二年四ヵ月ほどにすぎない。藩主としての吉宗の政策は光貞時代のそれを基本的に継承していたといい（笠原正夫『紀州藩の政治と社会』）、しばしば語られる「名君」としての

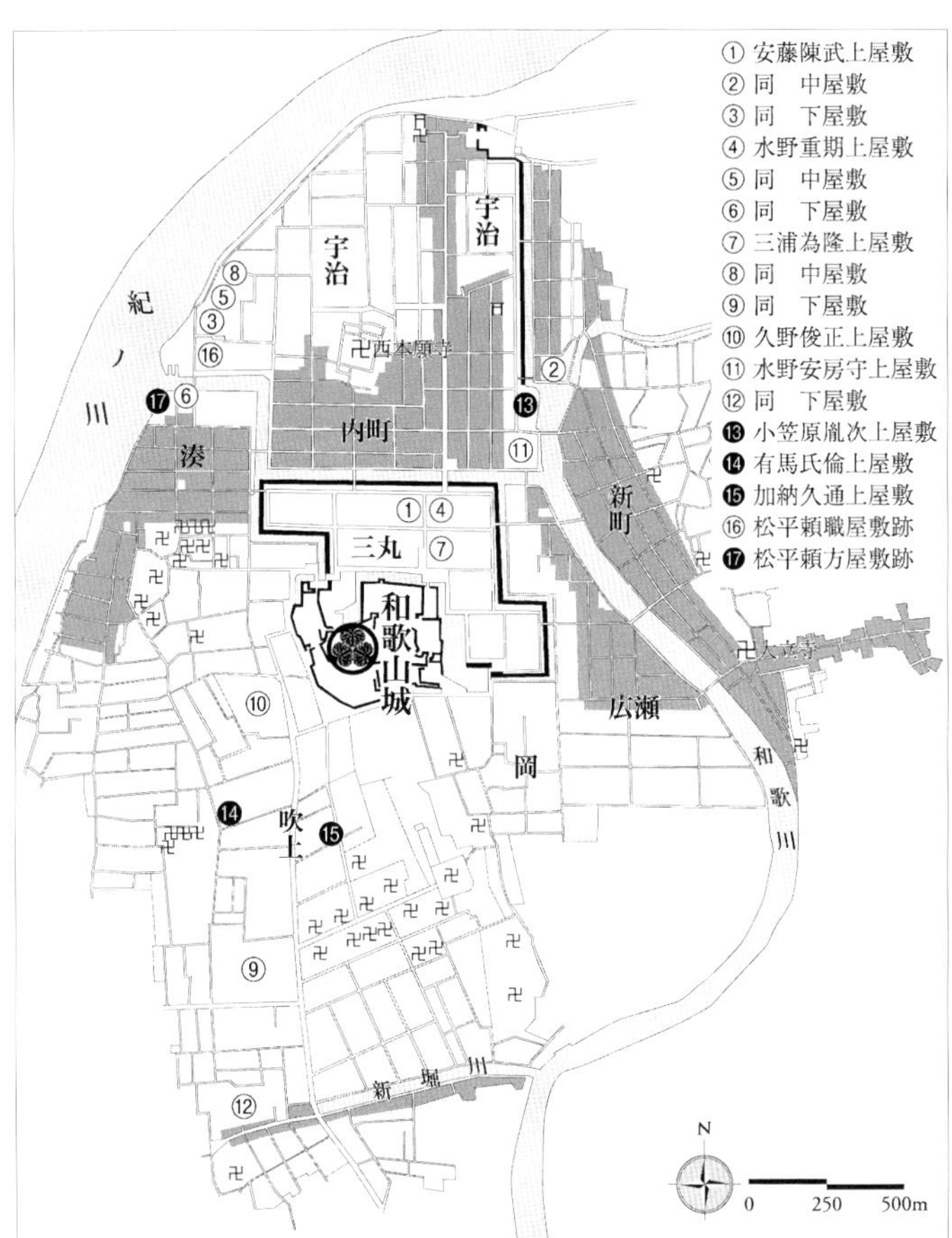

和歌山城下町の構造

（三尾功『近世都市和歌山の研究』所収図および和歌山の各種城下町図を参考に作成．白抜き数字は江戸移住者の屋敷位置を示す）

イメージは慎重に再検討される必要があろう。

城下町の基本的な構造についても十七世紀後半にはすでにほとんどが完成されており、吉宗の代に特段の改造が行われた形跡は見られないが、ここでその全体像を概観しておきたい。

和歌山城は紀ノ川と和歌川の二つの川に挟まれた「岡山」という丘陵部に位置している。戦国期には土橋氏という土豪が拠点を構えていたというが、その後秀吉時代に桑山氏が城代、関ケ原の戦いののちは浅野氏が城主となり、元和五年（一六一九）からは徳川家康十男の頼宣が駿府から移り本拠とした。

和歌山城の大手は当初東にあったが、浅野氏時代に北に改められた（三尾功『近世都市和歌山の研究』）。和歌山城外郭の三丸は内郭の北側と東側に展開し、重臣の屋敷がおかれた。現在もこのあたりには市役所や裁判所などの官庁があり、空間の規定性はなお生きている。この三丸の北側・西側・東側にはそれぞれ内町、湊、広瀬と呼ばれる町人地が面的に展開していた。いずれも浅野氏時代に形成されたもので、長方形街区による整然とした町割をもつが、唯一内町の西本願寺（現和歌山市鷺ノ森）の周辺にのみ異質な街区が存在していた。これは戦国期に形成されていた本願寺鷺森御坊の寺内町の名残であったというが、戦後の区画整理事業により街路は付け替えられてしまった。

徳川氏時代に入ると町人地は和歌川を越えて東に展開し、この新市街地は新町と呼ばれた。こちらの町割は和歌川の流れに規定されて不規則であり、時代による開発手法の違いを感じさせる。この新町の東縁には寺町が形成され、城下の境界部を形成していた。先にふれた、吉宗の母由利ゆかりという大立寺が立地するのもこの寺町である。

武家地はまず城の南東の広瀬・岡、紀ノ川に沿った宇治・湊付近に展開した。城下の南西部は吹上という丘陵地帯で開発は遅れていたが、徳川氏時代に入ってから武家地が造成され、城下町は南方へと拡がった。これら武家屋敷への物資輸送のため、南部には盲腸状の堀（新堀川）が開削された。この堀は大正時代に埋め立てられてもはやないが、「新堀」や「堀止」などの地名がかつての様相を物語っている。また東部には宇治から寺町が移され、現在も多くの寺院が甍を連ねている。

こうして順次開発されていった和歌山は大藩の城下町にふさわしい規模を備えるに至った。吉宗の兄綱教が藩主を継いだ翌年にあたる元禄十二年（一六九九）の記録によれば、和歌山の町方人口は四万二三一四人であった（三尾前掲『近世都市和歌山の研究』）。これには武士が含まれていないので都市の全人口ではないが、明治六年（一八七三）の統計による六万一一二四人という数字（『日本地誌提要』）は一つの目安になろう。人口には変動があるものの、おおむね近世を通じて三都・名古屋・金沢・広島につぐ規模の都市だったといえる。

藩のなかの「藩主」

次に、吉宗が藩主であったころの城下の武家地の様相をより詳しく見てみよう。この時期のものと考えられる絵図として、和歌山県立図書館所蔵の「和歌山城下屋敷大絵図」がある。これは現在七三×二七三チセンの巻物形式で七巻からなっているが、上下端が中途半端に切れていることから、これは本来縦が五メートルをこえる巨大な一枚の大絵図であったのを巻物に仕立て直したものと推測される。屋敷地については間口と奥行の間数が記載されており、実測にもとづく精度の高い図となっている。こうした点からして屋敷奉行が用いた公用図とみるのが妥当であろう（三尾前掲『近世都市和歌山の研究』）。

武家屋敷には所々に貼紙が付され、作成後の拝領者の変更を反映させているが、貼紙のない箇所の人名を検討すると、当初作成されたのは宝永六（一七〇九）～正徳四年（一七一四）ごろ、すなわちまさに吉宗が藩主であった時期に相当するものと判断される。この絵図と、同じころの上級家臣の名簿である『紀州御分限帳』（国立公文書館内閣文庫所蔵、推定宝永六～七年）と照合しながら、吉宗時代の屋敷の状況を見てみたい。

和歌山藩家臣団の筆頭に位置するのは附家老の安藤陳武と水野重期の二人である。以前の章でもふれたとおり、附家老とは頼宣が藩主となったさいに幕府からとくに附けられた

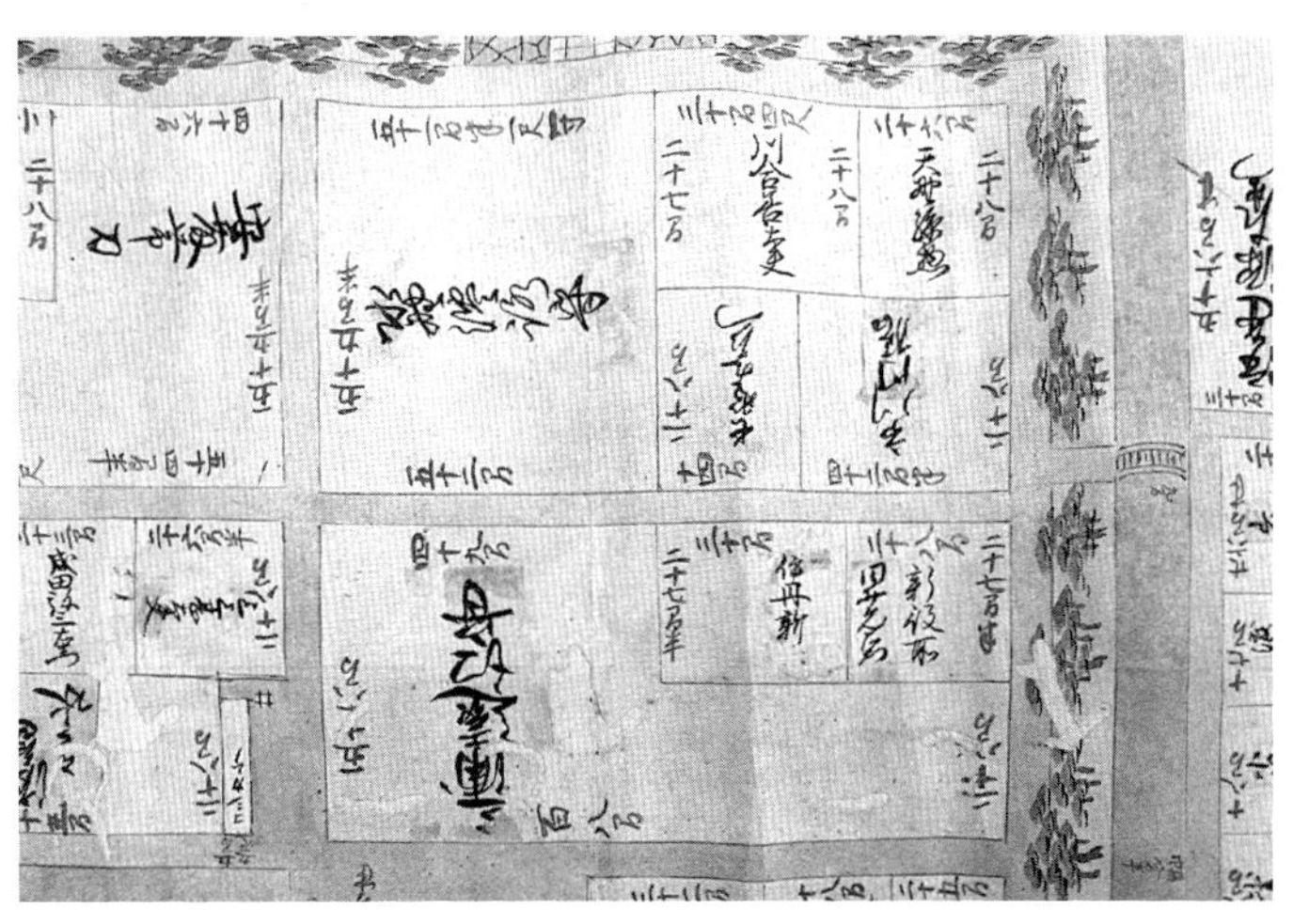

「和歌山城下屋敷大絵図」三丸部分（安藤帯刀〈陳武〉・水野淡路守〈重期〉・三浦遠江守〈為隆〉らの名前が見える．和歌山県立図書館所蔵）

家老をいい、家臣団のなかでは別格の位置にあった。安藤家は紀伊田辺（たなべ）三万八〇〇〇石、水野家は紀伊新宮（しんぐう）三万五〇〇〇石と大名並みの所領をもち（『紀州御分限帳』ではともに三万石とある）、かつ領地に対しては独自の権限が認められていた（小山譽城『徳川御三家付家老の研究』）。彼らは実態としてはいわば「藩主」に近い存在であったといえよう。

二人の屋敷は三丸のなかで隣り合って立地している（現和歌山市九番丁・十二番丁、十番丁・十一番丁）。両屋敷の間の道は本町通から大手門に向かう城下の主軸に相当しており、最高家臣の屋敷の位置にふさわしい。間数から屋敷規模を概算すると、安藤屋敷が三三〇〇坪、水野屋敷が二九〇〇坪程度であろうか。

両家に与えられていたのは三丸の屋敷だけではない。安藤家は北新町に中屋敷（現北新五丁目）、宇治に下屋敷（現和歌山市駅付近）を、水野家は宇治に中屋敷（同上）、湊に下屋敷（現伝法橋南ノ町）をそれぞれ構えていた。これは江戸において大名が上・中・下屋敷を構えていたことと相似的といえる。

ただし単純な相似でないのは、彼ら附家老が本来幕府と三家との潤滑油としての役割を期待され、譜代大名に準じる処遇を受けていた点で（小山前掲）、すでにふれたとおり江戸においても直参の幕臣と同様に屋敷を与えられてもいた。この時期の安藤家の屋敷は川田ヶ窪（現新宿区市谷仲之町）に、水野家の屋敷は市谷浄瑠璃坂（同市谷佐土原町）と牛込原町（下屋敷、同原町三丁目・若松町付近）の二ヵ所にあった。このあたりにも附家老の立場の二重性が表れていよう。

和歌山の武士たち

つづいて和歌山城下三丸の水野屋敷の南には両附家老屋敷に匹敵する規模の屋敷があった。これが和歌山藩では第三の家臣にあたる三浦家の屋敷で、当時の家督は為隆である。和歌山藩初代藩主頼宣の生母万は為隆の祖父為春の妹にあたり、したがって為隆と光貞は再従兄弟の関係になる。為春が頼宣に附属されたときの石高は三〇〇〇石であったが、そうした血縁関係もあってしだいに加増され、二代目の為時の代には一万五〇〇〇石という大名並みの石高となっていた。三浦家も幕臣出身で、代々家老（年寄）の家柄とされていた。和歌山の屋敷は附家老両家と同様に上（三丸、現和歌山市六番丁）・中（宇治、同西蔵前丁）・下（吹上、同小松原五丁目・小松原通五丁目）の三つがあり、また江戸でも赤坂に屋敷を拝領していた（現港区赤坂三丁目）。屋敷の面でも附家老両家に準じた存在であったといえようか。

第四の家臣は久野俊正である。石高は一万石（『分限帳』では八五〇〇石）で、伊勢田丸（現三重県度会郡玉城町）城代をつとめていた。俊正の屋敷は城の西部吹上の地に広大な面積を占めるが（現小松原通一丁目、和歌山県庁の敷地）、これは元の下屋敷で、かつての上屋敷は三丸（現七番丁）にあった（「和歌山古屋敷絵図」〈和歌山県立図書館所蔵〉）。代わって与えられた下屋敷は郊外ともいうべき和歌浦にあり（現和歌浦東二丁目付近）、この屋敷は和歌川から水を引き込んだ庭園を有する別荘としての性格をもっていたようである（三尾前掲『近世都市和歌山の研究』）。なお久野家については江戸屋敷の存在は確認されない。

第五の家臣は水野安房守で、石高は七〇〇〇石である。この家は附家老の水野家と区別するため、一般に初代正重の通称から水野太郎作家と呼ばれている。居屋敷は堀詰橋の北側（現雑賀町）にあった。下屋敷は吹上に見える（現堀止西一丁目）。

以上が和歌山藩では「五家」と呼ばれて代々家老をつとめた家柄にあたる。『分限帳』

では加えて渡辺恭綱（二〇〇〇石）と加納政直（四〇〇〇石）が家老として見えるが、地位は世襲ではない。両者ともに三丸に上屋敷、吹上に下屋敷を構えている。

和歌山城下で下屋敷を構えていたのはこのほか一〇人ほどが確認できる。石高では一〇〇〇石から三〇〇〇石、役職では部隊長である大番頭クラスにあたる。下屋敷の多くは城下南部の新堀以南に集中している。

その他の家臣の拝領屋敷は城の四方に展開する。宇治や広瀬など浅野期以来の武家地は長方形街区による比較的整然とした屋敷地となっているものの、遅れて開発された吹上の屋敷は規模も形状も不規則で、家臣団編成との明確な対応は見えにくい。

このように和歌山城下町の空間構成には、建設期における為政者の頻繁な交代や地形の制約などもあって、複数の都市形成の論理が重層しており、統一的な計画性は稀薄である。この宝永～正徳期に「和歌山城下屋敷大絵図」のような実測にもとづく屋敷地の精密な絵図が作成されたことは、そうした「わかりにくい」都市の実態を正確に把握しようとする吉宗（政権）の志向を示しているように思われる。

白石と重秀

さてそのころ、江戸ではいくつかの大きな動きがあった。吉宗が藩主になって八年目の正徳二年（一七一二）十月十四日、六代将軍徳川家宣がにわかに薨去した。跡を継いだのは四男の鍋松で、このときわずか四歳であった。幼少であり、かつ体も強い方ではなかったので病床の家宣もずいぶん心配したらしい。新井白石は『折たく柴の記』のなかで、家宣から後継者として尾張徳川家から吉通を迎えることを提案されたと記している。白石はこれに反対したようで、結局は鍋松が七代将軍に決した。元服して徳川家継という。願いが込められたような諱である。

白石はこのころ人生の絶頂にあった。正徳元年十月十一日、彼は朝鮮通信使の接待役をつとめるということで筑後守に叙任され、また翌月にはその功績により石高も一〇〇〇石に倍増された。さらに翌正徳二年四月十九日には、一橋門外に新たな屋敷八〇〇坪を与えられることが決まった（現千代田区一ツ橋二丁目）。それまでの雉子橋門外の屋敷は三五五坪であったから、こちらも倍増といってよい（『新井白石日記』）。

政治面でも追い風は吹いていた。正徳二年九月、彼は家宣の病臥を機として、永年の政敵であった勘定奉行荻原重秀（三七〇〇石）を失脚させることに成功する。

重秀は荻原種重という旗本の二男で、延宝二年（一六七四）十月二十六日に勘定方として新規に召し抱えられたときはわずか一五〇俵という微禄であったが、その経済官僚としての才覚ゆえに、勘定組頭から勘定頭差添役（のちの勘定吟味役）、佐渡奉行と出世し、元禄九年（一六九六）四月十一日には勘定奉行にまで上り詰める。それが将軍綱吉の個人的な贔屓によるものではなかったことは、その後家宣に政権が交代してからもなお幕府の経済政策の中心をなしていたことからもわかる。その屋敷もしだいに拡大しており、勘定頭差添役を命じられた翌日の貞享四年（一六八七）九月十一日に半蔵門内六九四坪七合の屋敷（現千代田区千代田、吹上御所付近）を、勘定奉行昇進前年の元禄八年十二月九日に小川町一七七七坪の屋敷（現千代田区神田神保町一丁目）を拝領している。

しかし白石はこの重秀とはどうにもそりが合わなかった。重秀の推進した名目貨幣的発想にもとづく通貨改革は、儒教的理想主義者である白石には到底理解不能なものであったと思われる。これは能力の問題ではなく、思考の型の相違にすぎない。しかし不幸にして白石の性格はそれを許容できるものではなかった。

度重なる白石の弾劾を容れるかたちで、病床の家宣は重秀の解職を決定する。寄合となった重秀はしばらくは小川町にとどまっていたようであるが、屋敷は翌正徳三年二月二十九日に本庄資俊預かりとなっているので（「屋敷証文」）、このころまでには追い出されていたとみられる。その後亡くなる九月二十六日までのあいだ、彼はどこにいたのか。最期は憤死とも、暗殺ともいう（村井淳志『勘定奉行荻原重秀の生涯』）。

白石にとってはこれにより最大の敵が除かれたことになり、もはや自らの理想を阻むものはなくなったようにも思われたであろう。しかし彼を権力の座へと吊り上げていたのは、病弱な幼将軍の生命という、意外にもか細い糸でしかなかったのである。そして現実に、糸は切れた。

八代将軍をめぐって

正徳六年（一七一六）四月三十日、病床にあった家継がいよいよ危篤となったとき、幕閣は次の将軍を決める必要に迫られた。このときの経緯については『実紀』などに逸話が残るが、史料の性格を考えると、これらをそのまま事実と認めることはややためらわれる。客観的に血縁関係から考えれば、このとき候補にあがったと推測されるのは次の面々であろうか。

まず家継の最も近い血縁者として叔父の松平清武がいる。清武は家宣の同母弟で、このとき五十四歳であった。清武の前半生には兄家宣同様にどこか翳がある。寛文三年（一六六三）に生母の保良が彼をみごもったとき、ちょうど父綱重は二番目の正室として関白二条光平の娘の輿入れを控えているところであった。綱重はまたも正室に気を遣ったか、彼は保良を越智喜清という家臣に嫁がせてしまう。その年の十月二十日に無事に男子が誕生するものの、彼は建前上越智家の子ということにされたのである。家の事情に翻弄された保良は翌年二月二十八日、二十八歳の若さで亡くなっている。

延宝八年（一六八〇）に養父喜清が歿すると彼は越智家の家督を継ぎ、わずか三〇〇石の「甲府藩士」となった。その後兄家宣が宝永元年（一七〇四）十二月五日に綱吉の養子となると彼も幕臣に移り、さらに宝永四年には松平姓と上野館林二万四〇〇〇石を与え

家継危篤時の徳川・松平家略系図（丸数字は年齢、灰字は故人を示す）

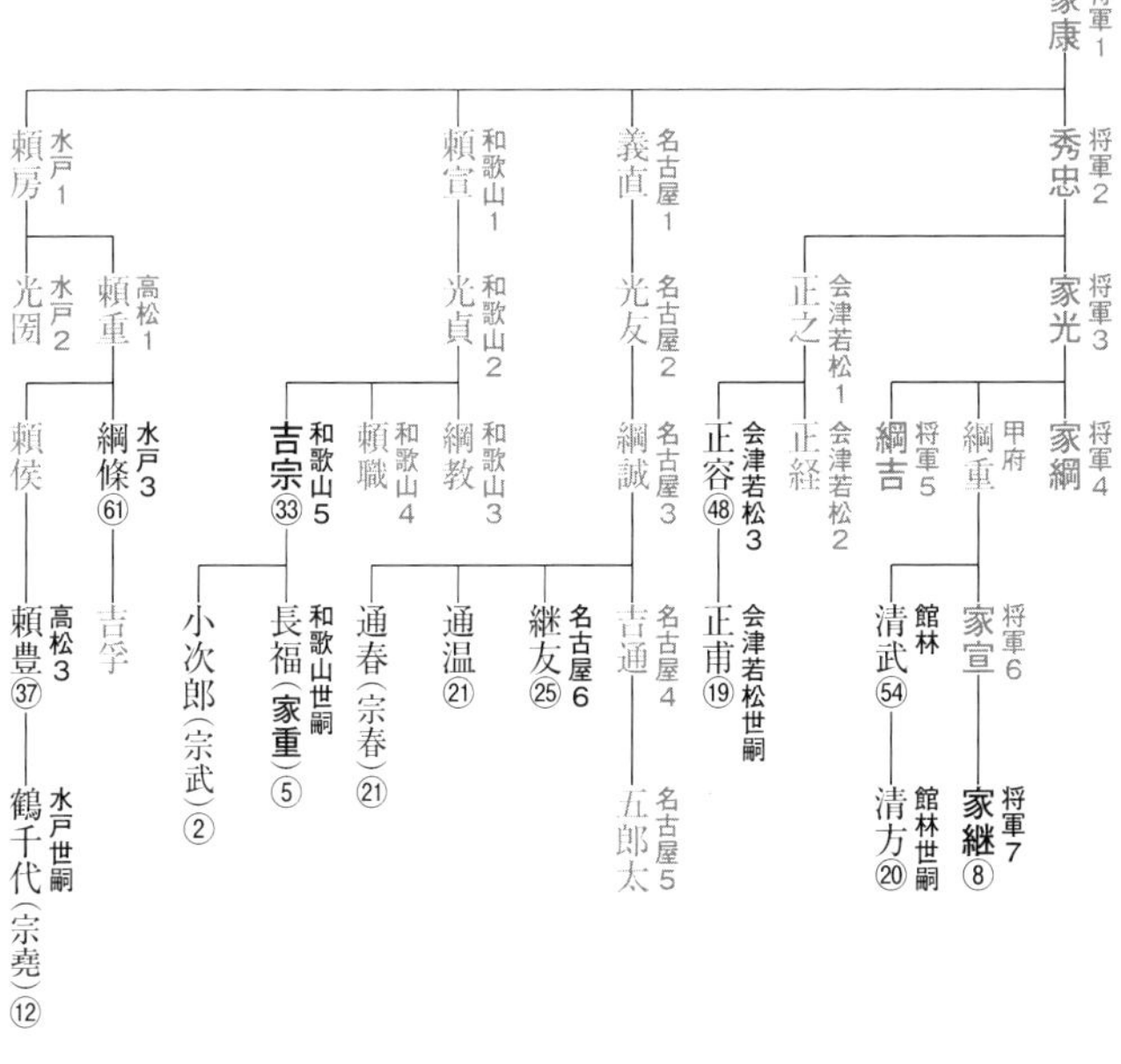

られて家門大名に列した（のち五万四〇〇〇石まで加増）。またこれにともない下屋敷として「甲府藩」の三田(みた)下屋敷跡地の一部も与えられている（以上、『幕府祚胤伝』）。居城は綱吉、屋敷は家宣と、彼は二代の将軍の由緒を受け継いだことになる。また彼には清方(きよかた)という二十歳になる嫡男もおり、跡継ぎについてもこの時点で問題はなかった。しかし彼の最大にして致命的な弱点は、やはり一度家臣の家督を継いだという経歴にあったと思われる。同じく二代将軍

秀忠の孫にあたる松平正容（陸奥会津若松二三万石、当時四十八歳）が候補たりえなかったのも同様の理由によるものであろう。

秀忠の血を引く一族はこの館林と会津の両松平家に限られるが、家康まで遡るならば、将軍家と同じ徳川を名乗る三家がいた。その筆頭である尾張家では正徳三年（一七一三）に四代藩主吉通と五代藩主五郎太が相次いで死去し、吉通の弟松平通顕が徳川継友と改名し六代藩主となっていた。この時点では二十五歳である。一方二番目の紀州家の当主は五代藩主の吉宗でこのとき三十三歳、三番目の水戸家の当主は三代藩主の綱條で六十一歳であった。

結論から言えば、跡継ぎには吉宗が指名された。その理由として『実紀』は、継友が家康の玄孫であったのに対し、吉宗は一代近い曽孫であったという点を指摘している。しかし血縁の近さであれば家継の叔父である清武がいたし、また三家では尾張家が兄筋にあたることも考えると、これだけが決め手となったとは考えにくい。実際には幕閣や大奥の有力者たちからどれだけの支持を取り付けられたかという政治的根回しが勝敗を分けたのではないだろうか。

この日家継の後見役に決した吉宗であるが、それを見届けるかのように家継は世を去った。享年八。南海の雄はついに東都の主となった。

来る幕臣、去る幕臣

急な将軍の交代により、吉宗のまわりはにわかに慌ただしくなった。

和歌山藩のゆくえ

『南紀徳川史』によれば、正徳六年（一七一六）四月三十日に吉宗が江戸城二丸に入ったとき、四二人（軽輩の藩士を除く）の和歌山藩士がお供し、その後彼らはいったん藩邸に引き上げたものの、夜になってにわかに呼び出されて再度登城したという。彼らは五月二十二日に幕臣に編入されることになるが、このなかには側用取次（将軍と老中の取次役）となった小笠原胤次・有馬氏倫・加納久通の三人、またのちに老中として一時代を築くことになる田沼意次の父、意行も含まれていた。

同史料によれば、その後五月二十二日に和歌山から五人、六月二日には江戸赤坂の中屋敷から一三人が召し出されたといい、さらに吉宗の子である長福（後の九代将軍家重）と小次郎（のちの宗武）附属となった藩士もおり、最終的に和歌山藩士から幕臣となったのは、現在判明しているだけでも二〇〇人をこえる（深井雅海『徳川将軍政治権力の研究』）。

このように吉宗が将軍に就任したさいにも藩士が幕臣として組み込まれることになったのであるが、これまでに見てきた綱吉や家宣のときと最も異なる点は出身藩の存廃である。綱吉のときは、旧「館林藩士」の一部は綱吉に附属して幕臣となったが、「館林藩」は子の徳松を「藩主」とすることで存続した。ただし徳松自身は次期将軍として西丸に入っていたから、彼に附属する家臣たちは幕臣と「藩士」をまたにかけたような存在であったし、実際天和三年（一六八三）に徳松が死去すると幕臣に編入されている。「館林藩」はこのとき名実ともに廃藩となった。

家宣の場合は、彼が宝永元年（一七〇四）に綱吉の養子となった時点で「甲府藩」は廃藩となり、旧家臣団は基本的にまるごと幕臣に組み込まれた。もっとも、彼らの大半はもともと江戸に居住しており、旧藩邸が幕臣屋敷地へと再編されたことはすでに見たとおりである。

これに対し、和歌山藩は廃藩にならなかった。将軍後継者に決まった翌日、吉宗は伊予西条藩主（三万石）であった松平頼致を後継藩主に任命している。西条藩は寛文十年（一六七〇）に松平頼純が兄の徳川光貞から三万石の分与を受けて成立した和歌山藩の支藩で、二代目の頼致は吉宗の従弟にあたる。こうして和歌山藩六代藩主となった頼致は吉宗の諱の一字を拝領し、徳川宗直（むねなお）と改名した。西条藩主は頼致の弟の頼渡（よりただ）が継ぎ、こうしてスライドさせるかたちで藩の枠組みは維持された。

吉宗が和歌山藩を存続させたのは、家康の血をひく由緒ある「御三家」を継承する意図、また幕府における譜代門閥層への配慮もあったのだろうが、そもそも五五万五〇〇〇石という大藩を幕府に吸収することは現実的に難しかったように思われる。後で述べるとおり、すでにこのころには幕臣団の肥大化とそれにともなう冗員の大量発生が問題化しており、もし廃藩として大量の幕臣編入を行えば、火に油を注ぐ状況になることは十分に予想されたであろう。結果、『紀州御分限帳』に記載される四一六人の藩士のうち、吉宗らにしたがって幕臣となったのは一割強の五六人にとどまっている（深井前掲）。

幕臣となった和歌山藩士

幕臣に編入された藩士として名前が判明している二〇〇余人のうち、その中核層ともいうべき四二人が、吉宗が将軍後継となった当日に決められていることは重要である。彼らが吉宗のお供をしたのは、そのときたまたま江戸屋敷に詰めていたからであって、家継の死を見越して選抜されたわけではない。そこには多分に運が介在している。

たとえば編入者の最上位であり側用取次となった三人は和歌山藩時代ではどのような地

位にあったか。筆頭の小笠原胤次は、先の『紀州御分限帳』では記載順一三番目、二〇〇〇石の大寄合として見える。幕臣化直前は年寄をつとめ、二五〇〇石に加増されていたようであるが、和歌山での屋敷は重臣の多い三丸ではなく外堀を隔てた宇治にあり（現元寺町一丁目）、上級家臣であったのは確かにしても、特別な地位にあったとまではいえない。つづく二人にしても、有馬氏倫は記載順三二番目の大番頭格用役（一三〇〇石）、加納久通は六一番目の使役頭（七〇〇石）としてようやく名前が確認でき、ともに幕臣化直前には用役番頭をつとめていた（久通は一〇〇〇石に加増）というくらいの地位である。屋敷地も三丸ではなく吹上にあった（それぞれ現茶屋ノ丁・東長町七丁目、現吹上二丁目）。

この三人について、『享保南志』という史料に掲載されている江戸からの書状には次のように述べられていたという。曰く、三人が江戸に詰めていたのは天命に叶ったのだと皆言っている、胤次もあの夜にお供をしていなかったら、また氏倫と久通も和歌山にいたならば江戸城に召されることもなかったろうとの話である、と（三尾功「紀州時代の徳川吉宗考証」）。これが事実であるかどうかはわからないが、少なくともそうした見方が存在していたことは注意されてよい。

幕臣編入者の選定には運の要素があったとはいえ、一方で吉宗の意志が介在したと思われる部分もある。たとえば『紀州御分限帳』記載の藩士を見ると、幕臣編入者は全体としては一割強にとどまるが、そのなかで近習番と小性という、藩主間近に仕えていた層の編入率が明らかに高いのが目につく。すなわち、小性では三二人中半数近い一五人が、小性格では六人中半数の三人が、近習番にいたっては六人全員が編入されているのである。

吉宗が側近層の編入を重視していたことは別の点からもうかがえる。吉宗は四月に江戸屋敷から召し出した四二人に加えて、五月二十二日に和歌山からとくに五人を、六月二十五日に江戸中屋敷から一三人を追加で幕臣に加えているが、前者は五人全員、後者は一〇人が小性をつとめていた藩士であった。急遽登城した最初の四二人とは違い、時間を経た段階での召し出しであるから、彼らはとくに選抜されたとみるべきであろう。吉宗がどのような人材を欲していたかがうかがえる。

残された家老たち

吉宗の近習を除いた藩士たちの多くは、そのまま新藩主の宗直に仕えることとなった。一方で、逆に幕臣となることを固辞して和歌山藩にとどまることを選んだ人物の話も残っている。家臣団ナンバー三の三浦為隆である。

室鳩巣の『兼山麗沢秘策』に載せられている話とは以下のようなものであった。和歌山藩家老の為隆は才略にたけ、天下の大事を任せられる器量があったので、吉宗も幕臣として重職に取り立てようとした。ところが為隆はこれに対して、

「上様の思し召しは身に余るありがたさではあるのですが、私の先祖は家康様から、

紀州にあっていかなることであっても諫言をすることが奉公であるとの手紙を頂戴し、代々つとめてまいりました。今私が江戸城に入ればそのご遺命に背くことになりますので、どうかこの件につきましてはご容赦ください」

と固辞した。そのため為隆は吉宗が将軍就任後も和歌山藩家老としてとどまることになったというのである。

この話が真実であれば見上げた心がけというべきであるが、吉宗の侍講となっていた鳩巣が書簡に記した噂話ということを考えると、真偽のほどはやや疑わしい。為隆はもと幕臣であり、石高も一万五〇〇〇石であったから、この話を承諾することは独立大名への昇格を意味する。そのような千載一遇の機会をわざわざ為隆が断るかどうか。また吉宗にしても、処遇に気を遣わざるを得ない人物をあえて連れていきたいと思ったかどうか。

結果としては、為隆を含む家老たちは、「たまたま」江戸屋敷からお供した小笠原胤次を除く全員が和歌山藩に残留した。絵図で重臣層の居住地である三丸地区を見ても、五六ある屋敷の拝領者のうち、幕臣となって和歌山を去ったのはわずか二人が確認されるのみである。吉宗としては、扱いの難しい藩内の門閥層は残留させ、普段から気心の知れている近習たちを集中的に選ぶことで身軽に江戸城へと乗り込もうとしたのではないか。したがって和歌山城下の空間的規範は、吉宗が去った後も基本的に維持されたとするべきであろう。

おそらくこうした幕臣編入の動きのなかで最も切歯扼腕していたのは附家老の安藤・水野の両家ではなかったか。譜代大名なみの石高と家柄でありながら幕府の陪臣に甘んじていた彼らは、藩内における別格待遇と引き替えに藩に縛り付けられた。一方で格下であったはずの藩士たちはこの機会に幕府直参に昇格し、有馬氏倫や加納久通らはその後大名の地位をも獲得している。そうした動向を彼らはどのような思いで見つめていたか。十九世紀に入ると安藤・水野家を含む三家附家老五家は連帯し、幕府に対して譜代大名並みの待遇を求める運動を起こすことになるが（小山前掲）、附家老という存在の孕む矛盾はしだいにあらわになりつつあった。

西丸下の一掃

吉宗が側近層に重点をおくかたちで限定的に幕臣への編入を行ったことは、逆に前政権の側近層からの大幅な入れ替えをもたらした。とくにいわゆる西丸下一帯（現千代田区皇居外苑）は将軍側近が多く居住する地区であったから、ここの屋敷の拝領者は大きく変動している。

まずここに入ってきたのは側用取次となった有馬氏倫である。正徳から享保に改元されて間もない七月十二日、彼は小笠原胤次・加納久通とともに幕府から江戸屋敷の拝領を受けたが（『享保元録』）、その屋敷は西丸下用屋敷南隣の一五〇〇坪であった。ここにもとい

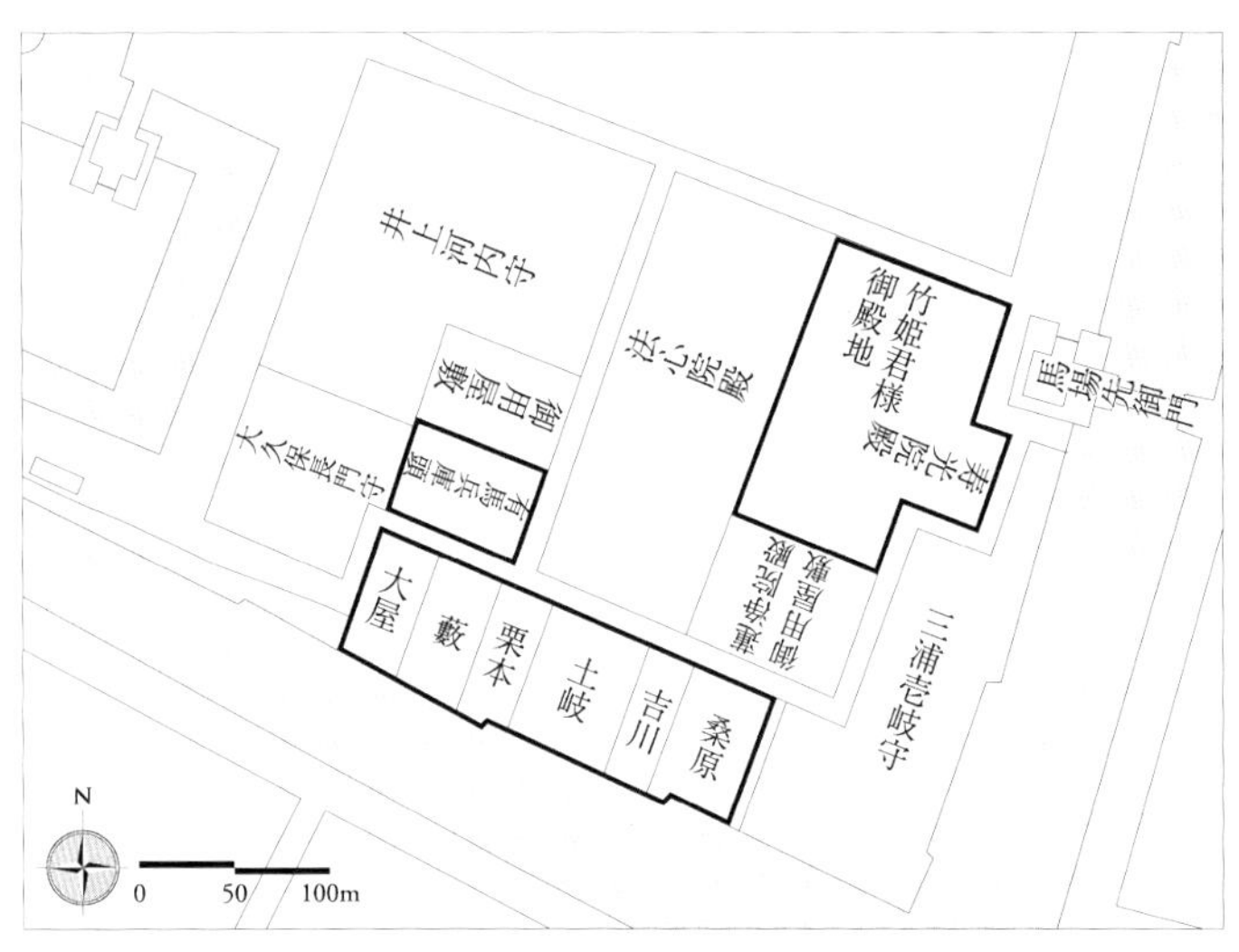

享保２年前半頃の西丸下（『御府内沿革図書』および屋敷拝領記事を参考に作成．太線で囲んだ屋敷の拝領主は吉宗の関係者を示す）

たのは堀川広益といい、京都から召し出されて家宣・家継政権下で側高家をつとめていた。正徳六年（一七一六）五月十六日は前政権下の側近の一斉罷免が行われた日であったが、この日に側高家という職制自体が廃され、広益はヒラの高家に移されていたのである。広益の西丸下の屋敷は「御用につき召し上げられ」たようで、おそらく強制移転であったのだろう。替地は表二番町の空き屋敷（現千代田区三番町）に与えられたが、規模は七〇五坪で半分以下となっている（「屋敷書抜」）。この屋敷は狭すぎたのか、四年後に彼は中山久敬という徒頭と屋敷を交換し、以前の規模に近い一二〇〇坪の屋敷に移っている（『享保五録』ほか）。もっとも交換といっても坪数が釣り合わないので、実際にはお金が動いていたものと推察される。

この屋敷の南側、堀に面した六つの屋敷についてもまた同様に政権交代を如実に表すような入れ替えが行われている。拝領者は小納戸が二人、書院番頭が一人、二丸小納戸が三人で、吉宗や長福の側近といえる。一方追い出された六人のうち五人は旧「甲府藩士」で、残る一人も宝永二年（一七〇五）から家宣に仕えた奥医師で、いずれも前政権とつながりの深い人物であった（『寛政譜』）。そのなかには幼い日の家宣を養育した新見正信（しんみまさのぶ）の（系図上の）孫にあたる新見正言（まさのぶ）や、前政権下で権勢を誇った間部詮房の弟である間部詮貞（あきさだ）などの名前も見える。正言と詮貞への代地は他の前政権側近らとともに下谷（したや）に与えられ（現千代田区外神田四丁目・神田練塀町（ねりべい））、坪数もそれぞれ八二〇坪から五五〇坪、五七〇坪から四五〇坪へと削減されている。なおこの敷地はもと間部詮房の下屋敷だったところにあたる。吉宗政権としてはここを没収のうえで詮房の「仲間たち」の左遷先とするという一石二鳥の利用をはかったのだろうが、前政権の主役たちを共食いさせているような観がある。

間部失脚

この詮房の上屋敷もまた西丸下に存在していた。宝永三年（一七〇六）五月十五日に馬場先門の西側の屋敷を拝領して以来、二度の添地を経て広大な屋敷を得ていた詮房であったが、この屋敷も享保二年（一七一七）二月二日に没収され、代わって拝領したのははるか南の三田小山の地であった（現港区三田二丁目）。その直後の十一日には上野高崎から越後村上への転封（石高は変わらず五万石）も通告されている。

詮房の屋敷には代わって法心院・蓮浄院・寿光院・竹という四人の女性が入ることになった。このうち法心院と蓮浄院は家宣の側室で、それぞれ家継生母の月光院よりも早く男子を産んでいたが、彼らがいずれも早世したために将軍の生母の座を逃していたという傷を共有していた。詮房はとくに月光院派と目された老中であったから、彼の屋敷をこの二人に与えることの「効果」を吉宗はよくわかっていたはずである。

一方の寿光院は公家の清閑寺家の出身で、江戸に出て綱吉の側室となり大典侍の局と呼ばれた女性である。綱吉との間には子供はできず、のちに彼女は自分の兄の娘を養女として迎えた。これが竹である（『徳川幕府家譜』）。竹はその後二度にわたり婚約の段階にまで至ったものの、いずれも結婚前に相手が亡くなるという不幸に見舞われた。そこで新将軍となった吉宗は彼女を養女として迎え、彼女とその養母寿光院の御殿地としてこの屋敷を宛てることとしたのである。ここでもまた、前政権の主役を追い出したところに吉宗の関係者が入るという構図が認められる。

なお幕府の間部家への冷遇はその後も続いた。享保五年に詮房が不遇のうちに村上で亡くなると、男子がなかったことから弟の詮言が跡を継いだが、そのさいに今度は越前鯖江五万石への転封を命じられる。当時の鯖江は北陸の一寒村にすぎず、城もなければ城下町すら一から建設しなければならないありさまであった。表向きの石高は変わらないものの事実上の減封といってよく、間部家からすれば紀州家に対してアレルギーが生じてもおかしくなかったと思われるが、歴史はそう単純な図式で動くわけではない。時が下って幕末期、鯖江藩七代藩主詮勝（あきかつ）は詮房以来の老中に就任し、大老井伊直弼（いいなおすけ）とともに今度は紀州家からの将軍擁立を主張する南紀派の中心人物として名を馳せ、しかもそのことによって、直弼暗殺による政権交代後に懲罰として一万石を削減されることになるのである。

胤次と氏倫

こうして前政権の側近の押し出しが行われた末に、有馬氏倫は西丸下に屋敷を得たのであるが、彼がそこにいたのはわずか一年余りにすぎない。享保二年（一七一七）八月六日、氏倫は山下（やました）門内に一七八〇坪余りの屋敷（現千代田区日比谷公園）を拝領して移る。実はこの場所は和歌山藩からの編入者の筆頭であった小笠原胤次の屋敷であった。

胤次の幕臣化後の動向にはやや不可解なところがある。彼は吉宗が江戸城に入ってまもなく側用取次となり、翌年正月十一日には四五〇〇石に加増された。むろん、この時点では編入者の最高位である。ところがこのときをピークに、彼の活動は後景に退く。先に見た『兼山麗沢（れいたく）秘策』によれば、彼はにわかに老い衰えて物忘れも多くなり、政治にも支障をきたすようになったため隠居させられたというが、少なくとも彼がこの年の四月四日に致仕していることは確かである。「実体（じってい）（真面目で実直）なる人」（同右）であっただけに、六十をこえての環境の激変が彼の心身に影響したのであろうか。翌年二月十四日、彼は燃え尽きるように生涯を閉じる。享年六十二。幕臣編入者の選定には「運」が介在していたことを先に述べたが、こと胤次にとっては幸運だったのか、不運だったのか。

八月の屋敷替えは、この小笠原家の当主交代と関連したものであろう。胤次の跡を継いだ茂武（しげたけ）は山下門内の屋敷を召し上げられ、代地は浜町（はまちょう）に与えられた（現日本橋浜町二丁目）。屋敷は江戸城からも遠ざかり、規模も一六一六坪に減った。茂武はとくに役職を与えられることもなく寄合のまま過ごし、享保九年に死ぬ。小笠原家は旗本として幕末まで存続するが、有馬・加納両家が大名化を果たしたことを思うと、この家はちょっとした間の悪さのために累進の大きな機会を逃したともいえる。

氏倫が去ったのちの西丸下の屋敷はむろん堀川広益に返されることはなく、西隣にいた大久保教寛（おおくぼのりひろ）（若年寄、駿河松長一万一〇〇〇石）が添地として拝領した。しかしそれもつかの間のことであった。翌享保三年、吉宗は母浄円院（じょうえんいん）（由利の法号）を和歌山から迎えることとし、併せて浄円院に近侍していた和歌山藩士二三人を追加で幕臣に編入した。このなかには浄円院の弟の巨勢由利（こせよしとし）、甥の巨勢至信（ゆきのぶ）の名前もあった。二人はそれぞれ側衆（そばしゅう）、小納戸(なんど)として吉宗の側近に取り立てられたが、彼らの江戸屋敷地としてこの教寛の屋敷が宛てられることとなったのである（『享保三録』）。西丸下の武家地はこうして紀州色で塗りつぶされていった。

白石左遷

屋敷面での「政権交代」は西丸下にとどまらず、享保二年（一七一七）正月ごろから各地で目立って行われた。そうして追い立てられた人々のうちには、前政権下で大いに活躍を見せていた新井白石も含まれていた。

白石の日記によれば、彼は家継死去二日後の正徳六年（一七一六）五月三日に奥詰を辞することを願い出たというが、十六日に間部詮房ら前政権の側近層の一斉罷免が発令されていることを考えると、もはや政権にとどまれない立場を自覚していたのであろうか。『寛政譜』には「享保元年近侍をゆるさる」とあるのみで具体的な日付けを欠いている。

白石は正徳二年から一橋門外に居住しており、この年いっぱいはこの屋敷についてはとくに動きが見えなかったが、翌年正月十六日、にわかに白石は若年寄大久保常春(つねはる)（近江(おうみ)国内一万石）に呼び出され、屋敷の召し上げと移転を命じられる。新たな屋敷の主になったのは和歌山藩士から幕臣に編入された菅沼定虎(すがぬまさだとら)という小納戸（四〇〇石）である。日記では続けて「今日、御小納戸・小姓衆皆々屋敷替」とあるので、前年の政権交代を受けての一連の施策の一つとして行われたものであろう。

移転先として指定されたのは内藤宿の窪田忠礎という旗本の上屋敷五七七坪であった。この屋敷の場所は現在の代々木駅と千駄ヶ谷駅との中間に相当し（現渋谷区千駄ヶ谷六丁目）、今でこそ新宿からほど近い一等地であるが、当時は江戸の最西端に近い場末の地であった。規模もそれまでの八〇〇坪から大きく減らされており、この点でも明らかな左遷といってよい。

『新井白石全集』には白石が友人の学者たちに宛てた書簡類が多く収録されているが、そこにはこのときの屋敷替えについて触れているものもある。たとえば水戸藩の儒学者安積覚（号澹泊、通称覚兵衛、時代劇『水戸黄門』の「格さん」のモデルである）には引っ越しの混乱について報告しているが、そこにはまだ内藤宿の替え屋敷も受け取っていないうちから、「一刻も早く引き払え」「草一本、木一本、石一個まで帳面に記録せよ」などと追い立てられた白石の歎きが吐露されている。

日記によれば移転命令を受けたのが十六日、建家・建具についての書き上げの提出期限が二十一日、引き渡し予定日が二十三日とあり、与えられた猶予はわずか一週間にすぎなかった。おまけに前日の二十二日には菅沼定虎の家来から「いつごろ返上してくれるのか」などと無神経にせき立てられる始末であった（実際にはこの日発生した火事のために引き渡しは二月一日に延長されてはいるが）。

出て行くための日程だけははっきり決められたものの、肝腎の代地はまだ彼に与えられていない。そこで彼はやむなく深川一色町（ふかがわいっしきちょう）にあった貸し蔵と隣接する町家を借り受け、家族ともどもあわただしく移っている（現江東区福住（ふくずみ）一丁目）。これはあくまで緊急避難というべきだろうか。

失脚者の意地

白石が内藤宿の拝領屋敷を引き渡されたのは二月二十五日である。彼の日記には屋敷を受け取ったとのみ記されているが、具体的な様子は友人の室鳩巣に宛てた書簡に記されている。

二月二十五日に内藤宿の屋敷地のお引き渡しということで出かけてきました。私の拝領屋敷の東西はことごとくみな人々に下された屋敷とみえて、杭は一々立てられているのですが、人とて住まないところでした。みな麦畑にしてありました。

当時の内藤宿は麦畑ばかりが広がる荒涼とした地であった。白石の屋敷にしても、前の拝領者である窪田忠礁は五年前の三月二十五日に死去しており、以後拝領者がいない状態であったし、屋敷の証文にも「御定杭の通り相違ござなく請け取り申し候」とのみあるように、周囲と同様、そこに建物などはなく、ただ敷地の範囲を示す杭だけが立っている状態だったのではないか。

白石の書簡を見る限り、彼はこの追放同然の新しい屋敷地には大いに絶望していた。引

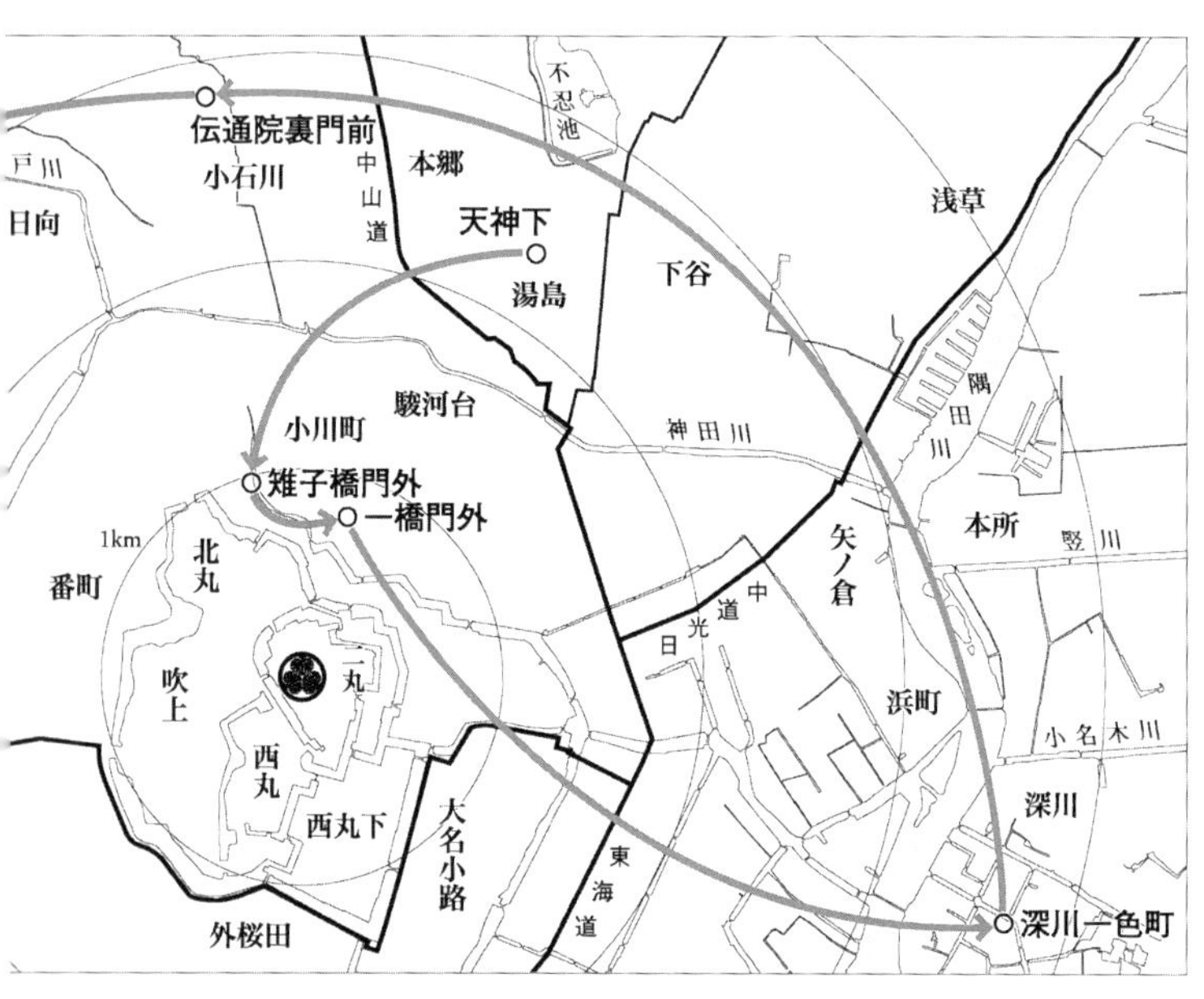

新井白石の居所の変転（同心円は江戸城本丸からの直線距離を示す）

っ越しへの行動に移すこともないまま、半年ほど彼は深川の寓居で日を送っているが、七月に入って事態は動き出す。白石が新しい住居を探していることを耳にした知人が、小石川伝通院（こいしかわでんづういん）裏門前の三四五坪の敷地を七、八〇両で売りたがっている人がいるという情報を彼に伝えたのである。さっそく現地に行ってみると、そこは同心町の外れにある伴玄通という町医者の屋敷で、隣接する割り残りの傾斜地を併せれば五〇〇坪を超えそうであった。

　この場所は現在で言えば文京区小石川三丁目、小石川台地から白

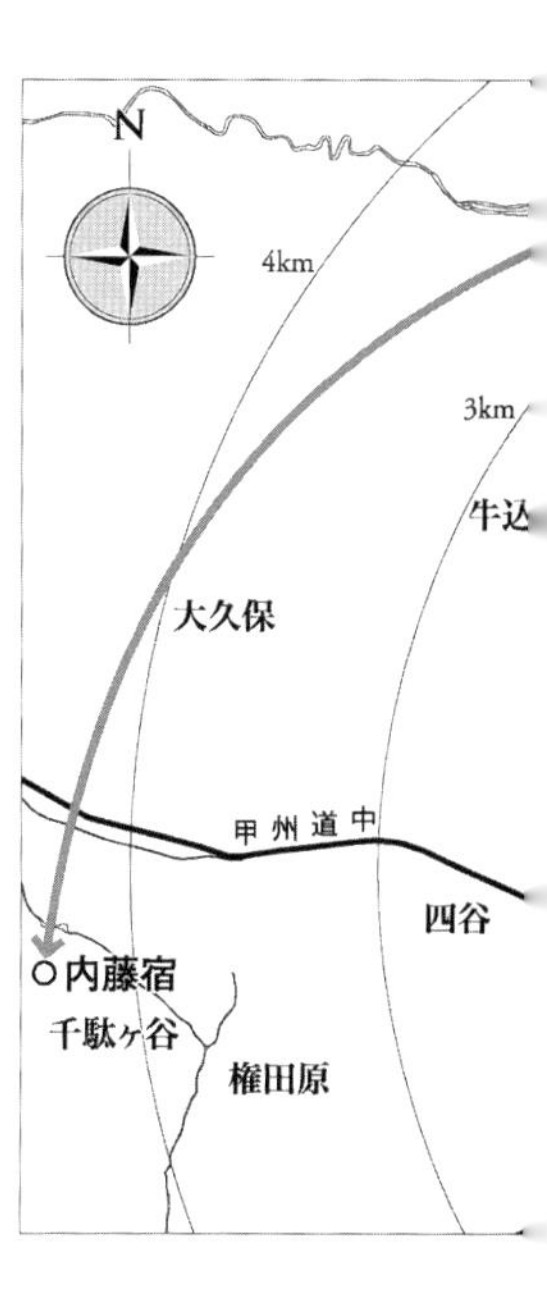

山通りの谷へと下ったところにあたるので、白石は湿気などの居住条件を心配したようだが、相談の結果それほど問題もなかろうということになり、交渉の結果七〇両での購入ということに決した。

この経緯について語っている鳩巣宛の書簡のなかで、白石はしきりに江戸城、そして鳩巣ら交遊のある学者の屋敷との距離を気にしている。自らの理想を現実に具体化することに情熱を傾けてきた彼にとって、市中から隔離されることは社会的な死として意識されたのであろう。

七月二十二日、白石は大久保常春に対して、内藤宿の屋敷の建築工事が完了するまで小石川で借住居する旨を届け出る。さすがに買得したなどと堂々と報告するわけにはいかなかったのだろうが、むろん内藤宿に移る気などさらさらない。

政治の表舞台から遠ざかった白石であるが、その情熱は執筆活動へと向けられた。名高い『折たく柴の記』は享保元年（一七一六）、家宣の命日にあたる十月四日を起稿日としている。自伝ではあるが、そこでは一橋門外を追われた後の流転については一切記されていない。ただ、その表題の由来である和歌「思ひ出づる折たく柴の夕煙むせぶもうれし忘れがたみに」が、承久の乱に敗れ隠岐に流された後鳥羽上皇の御製であるというところに、彼なりの美学と意地を見る思いがする。

小石川での生活は四年間に及んだが、終止符を打ったのは水害と火災であった。彼は享保六年閏七月十一日に仙台藩の儒者佐久間義和（号洞巌）に宛てた手紙のなかで、もはや小石川の家は破損して風雨も凌ぎがたく、十五日には内藤宿に引っ越すつもりである旨を述べている。屋敷をめぐる彼のささやかな抵抗はこうして終わったが、学問に対する闘志は衰えることはなかった。絶筆となった世界地理書『采覧異言』の改稿が完了したのは享保十年五月、彼の死の数日前であったという。

江戸武家地の転換点

内藤宿での白石らのように、屋敷は拝領したけれども実際には居住していない幕臣たちの存在は、このころから江戸武家地の供給システムが転換点を迎えたことを暗示している。

将軍交代時の度重なる「藩士」編入をはじめとして、幕臣団の規模は十七世紀から十八世紀初頭にかけて大きく膨れ上がっていた。当然、江戸での屋敷拝領件数も増大することになり、そのピークにあたる元禄期（一六八八〜一七〇四）から享保期（一七一六〜三六）にかけては年間平均二〇〇件以上、最も多い元禄十年（一六九七）で六四五件を数えている（山端穂「江戸幕府の拝領武家屋敷下賜の実態」）。ただしこの件数は実際の需要をつねに下回っており、都市内の空閑地は充填され、さらに新たなフロンティアを求めて武家地は外へ、外へと拡大していった。

表　拝領・相対替件数の推移

年　代	元　　号	拝領	相対替
1684-1690	天和・貞享・元禄	21	—
1691-1700	元禄	231	—
1701-1710	元禄・宝永	260	—
1711-1720	宝永・正徳・享保	164	—
1721-1730	享保	196	21*
1731-1740	享保・元文	78	38
1741-1750	元文・寛保・延享・寛延	64	48
1751-1760	寛延・宝暦	53	54
1761-1770	宝暦・明和	44	46
1771-1780	明和・安永	49	63
1781-1790	安永・天明・寛政	39	90
1791-1800	寛政	73	128
1801-1810	寛政・享和・文化	69	137
1811-1820	文化・文政	58	160
1821-1830	文政・天保	77	141
1831-1840	天保	90	116
1841-1850	天保・弘化・嘉永	150	228
1851-1860	嘉永・安政・万延	88	189**
1861-1864	万延・文久・元治	96	—

* 1722年以前データなし
** 1854-57年データなし
山端穂「江戸幕府の拝領武家屋敷下賜の実態」をもとに10年ごとの平均をとり作成.

享保年間の拝領屋敷を地域別に見ると、最も多かったのが本所・麻布・小石川・権田原などの郊外地域で、つづいて青山・渋谷・四谷・駒込・三田・内藤宿などのさらに外側の地域が目立つという（山端前掲）。しかしそうした周縁部への武家地造成には限界も見えていた。たとえば白石の拝領した内藤宿の屋敷から江戸城大手門までの道のりはおよそ七キロで、移動手段として徒歩か駕籠ぐらいかしか選択肢のないこの時代では片道一時間半以上を要したと推察される。現代とは時間の感覚が異なるとはいえ、「通勤」圏としては限界に近かったのではないか。たとえば普請方による屋敷拝領願いの審査記録である『屋敷願吟味帳』（旧幕引継書）によれば、享保二十年（一七三五）に成田勝豊という小五郎（吉宗四男、のちの徳川宗尹）近習番が、やはり城まで遠すぎるという理由で内藤宿からの屋敷引き替えを求めている。白石の屋敷周辺に一向に屋敷が建設されていかなかったことは、近代的交通手段を欠いた都市の規模の限界を示唆していよう。

フロンティアの枯渇は、拝領屋敷を軸とした幕府の武家地政策の行き詰まりを意味していた。この享保期を境に拝領屋敷の下賜件数は減少に向かい、代わりに屋敷の「交換」による当事者同士の需給調整である相対替が増加し、それとともに内実の売買・賃貸の広まりにより拝領地と居住の実態とが乖離する場合が広く見られるようになる。そうした転換の結果、十八世紀後半以降の拝領屋敷の動向は、それ以前のように政局とダイナミックに連動するものとしては表れにくくなっていく。

ただし例外はあった。それは江戸の延長を他都市に求めた、「外なるフロンティア」への移動というかたちで現出することになるのである。

山流しの果て

山梨大学構内・重新徽典館碑

「しかし甲府勝手と来ると、少しむずかしい」と、男はまた投げ出すように言った。

「甲府勝手とは何でありんすえ」

「遠い甲州へ追いやられるのだ。つまり山流しの格だ」

もうどうしても手に負えないと見ると、支配頭から甲府勝手というのを申し渡される。表向きは甲府の城に在番という名儀ではあるが、まず一種の島流し同様で、大抵は生きて再び江戸へ帰られる目当てはない。一生を暗い山奥に終らなければならないので、さすがの道楽者も甲府勝手と聞くとふるえあがって、余儀なく兜を脱ぐのが習いであった。

一間住居から甲府勝手、こうだんだんに運命を畳み込んで来れば、その身の滅亡は決まっている。勿論、出世の見込みなどがあろう筈はない。外記はそれすらも敢えて恐れなかったが、万一遠い甲州へ追いやられたら、しょせん綾衣に逢うすべはない。二人を結び合わせた堅いきずなも永久に断たれてしまわなければならない。男に取ってはそれが何よりも苦痛であった。


（岡本綺堂『箕輪心中』）

紊乱と追放

外なるフロンティア

江戸の「外なるフロンティア」ということについて考えたい。

フロンティアという言葉にはどこか甘美な響きがある。その地の高台にたって眼下を一望するならば、そこには未知の世界、可能性の世界が広がっているように見えるかもしれない。けれども一転して江戸中心的な見方にたってみるならば、その甘美さは山の彼方に霞み、かわって浮かび上がってくるのは、都市の周縁のさらにその外部にある「果て」としての世界にもなりえる。

これから取り上げる甲府という場所もそうした両義性を孕(はら)んでいる。この城下町が幕府にとっての「外なるフロンティア」として本格的に位置づけられるようになるのは前章でとりあげた吉宗の時代からであるが、ここではまず江戸と甲府との関係の極端な一側面を見るべく、いったん先回りして一〇〇年以上たった時代から話を始めることにしよう。

家斉と閨閥

徳川十五代のなかで最も長い間将軍の座にあったのは十一代家斉である。

天明七年（一七八七）に十五歳で養父家治の跡を継いで以来実に五〇年、天保八年（一八三七）にようやく二男の家慶に（長男竹千代は二歳で早世）将軍職を譲って隠居した。ただしその後も西丸の大御所として、実質的な権力はなお保持していた。

家斉は絶倫の精力の持ち主としても知られ、『幕府祚胤伝』に記されるだけでも五四人の子供がいたという。家斉は彼らが成長するやこれを次々と大名家に送り込み、藩主の座を継がせたり藩主夫人とさせた。子供を通じた大名統制策である。たとえば外様大藩の加賀金沢藩前田家では、文政十年（一八二七）に藩主斉泰の正室として家斉二十二女の溶を迎えたが、そのために建設された住居の表門が今の東京大学本郷キャンパスの赤門（現文京区本郷七丁目）にあたることは有名である。

家斉のそうした政治姿勢は必然的に「奥」への権力集中をもたらし、そのことを利用して成り上がりを果たした人物もいた。その軸になったのが先の溶を産んだ側室、美代である。家譜に名前の挙がる家斉側室は一六人に及ぶが、なかでも美代はとくに家斉の寵を受けたといわれる。『幕府祚胤伝』によれば「御本丸御小納戸頭取中野播磨守清武養女、実内藤造酒允就相女」とあるが、実際の父親は日蓮宗中山法華経寺（現市川市中山二丁目）智泉院住職の日啓という僧であったという（『藤岡屋日記』）。

ここで養父として中野播磨守清武とあるのは誤りで、正しくは清茂という。彼の祖父は清房といい、和歌山藩から吉宗のお供として幕臣となったうちの一人である。清茂の父清備は二男だったが、寛保三年（一七四三）に西丸小姓として召し抱えられ、三〇〇俵を給された（『寛政譜』）。明和二年（一七六五）、清茂はわずか一歳でこの父のわずかな遺跡を継ぐが、その後小納戸として家斉に近侍するにいたって運命が拓けた。

彼は出世の糸口を家斉の好色に求めた。彼は自分のもとに奉公に来ていた美代の美貌を見出すや、彼女をいったん自分の養女としたうえで家斉に差し出す。美代が中臈（将軍の身辺世話役）となったのは文化七年（一八一〇）であるが、この年に彼は小納戸頭取に任じられている。狙いは当たった。

その後も清茂は美代への将軍の寵を背景に勢力を拡張し、文政十年には新番頭格（二〇〇〇石高）にまで出世する（『続実紀』）。その三年後、彼は隠居を願い出て碩翁（石翁）と号するが、彼は向島に豪奢な屋敷を構え（現墨田区堤通一丁目）、将軍への周旋役として絶大な権力を保持していたという。彼の本邸は駿河台にあったが（現千代田区神田駿河台一丁目）、あえて向島という場末に身を移すことで江戸城を中心とした既存の空間秩序から自由になろうとしたのではないか。

奥の勢力

いわゆる大御所時代の家斉の側近としては、この碩翁のほかに若年寄の林忠英、側用取次の水野忠篤、西丸小納戸頭取の美濃部茂矩らがいた。

林忠英の父林忠篤は家斉の実家である一橋家の家老をつとめており、忠英自身も家斉の小姓として寵愛を受け、三〇〇〇石の旗本から上総貝淵（現木更津市貝渕）一万八〇〇〇石の大名にまで引き立てられた。なお忠英の娘の一人は碩翁の養女となっている。

水野忠篤は和歌山藩初代附家老重仲の子孫にあたるが、分家のさらに分家にあたるため、忠篤が家督を継いだときは一六〇〇石の旗本にすぎなかった。しかし彼の妹梅は寛政四年（一七九二）に家斉の側室となっており、彼女自身は二年後に女子（即日死去）を産んだ後まもなく世を去ったものの、かわって忠篤が小納戸として将軍近臣に取り立てられることとなったのである。以後累進を重ねた彼は、天保十年（一八三九）には八〇〇〇石にまで加増されている。

美濃部茂矩は八〇〇石の旗本であったが、家斉の信任を得て小姓から小納戸を経て小納戸頭取にまで出世した。天保八年に家斉が西丸に移ると彼は西丸小納戸頭取に異動し、大御所の側近として権勢をふるった。

また、美代の実父日啓も家斉のもとで勢力を伸ばした一人である。天保四年、江戸西北の雑司ヶ谷の地（現豊島区目白三丁目・四丁目・西池袋二丁目）に日蓮宗感応寺が再興されると、日啓はその初代住持に任命される。感応寺は幕府の力を背景に二万八六四二坪という広大な規模を有し（それも陸奥磐城平藩下屋敷を移転させてのものであった）、大名や大奥女中たちが多く参詣に訪れていたという。

こうした大御所家斉のきわめて私的な身贔屓による専制政治の展開に眉をひそめていた人々もいた。とくに領国での藩政改革を進めていた水戸藩主徳川斉昭（三五万石）は、内憂外患への危機感から天保九年に「戊戌封事」という建白書を著し、そのなかで暗に碩翁一派をさして「城狐社鼠」（権力者のかげで悪事を働く者ども）とこきおろしている。また後に天保の改革の中心人物となる水野忠邦（遠江浜松六万石）もすでに天保五年三月一日から本丸老中をつとめていたものの、家斉が大御所として西丸から睨みをきかせている以上は手をこまぬくほかない。彼は文政十一年（一八二八）十一月から西丸下に上屋敷を構えていたが（現千代田区皇居外苑）、堀を挟んだ向こうに見える西丸をどのような思いで見ていたであろうか。

改革と粛正

天保十二年（一八四一）閏一月七日、大御所家斉は世を去った。享年六十九。旗本井関親興の後妻隆子が記した日記（『井関隆子日記』）によれば、家斉はそれまでの奔放な生きざまとはうらはらに、誰にも気づかれないままの孤独の臨終であったという。その不手際を取り繕うためか、薨去が正式に発表されたのは三十日になってからであった（『続実紀』ほか）。

将軍家慶はこのとき四十九歳、ようやく時は来た。彼は老中首座水野忠邦を中心として、内外両面からの幕藩体制の危機に対する抜本的改革に着手させる。いわゆる天保の改革の始まりである。

改革の中身については他の書籍（藤田覚『天保の改革』など）に譲るとして、ここでは本書の主題と関わる点として、政権交代にともなう「城狐社鼠」たちの粛正にふれたい。

寄るべき大樹を失った者たちの運命ははかない。すでに隠居の身であった中野碩翁は江戸城への登城を差し止められ、向島の別邸が破却される程度ですんだが、林忠英は八〇〇〇石削減のうえ若年寄を罷免され、強制的に隠居させられたし、水野忠篤も五〇〇〇石削減のうえ側用取次を外され、やはり強制致仕・蟄居処分となった（『続実紀』）。むろん屋敷も召し上げられ、大名小路にあった忠英の屋敷（現千代田区丸の内一丁目、東京駅構内）は上総鶴牧藩主水野忠実（一万五〇〇〇石）に、外桜田門外の忠篤屋敷（現千代田区霞が関一丁目）は世子徳川家祥（後の十三代将軍家定）側衆の大久保忠誨（五〇〇〇石）にそれぞれ与えられた。

また美代を介して大奥と深く結びついていた日啓は密通のかどで遠島を命じられ（その後獄死）、感応寺も破却された。広大な境内地は分割され、その南東部三分の一強は丹波園部藩主の小出英発（二万四〇〇〇石）が下屋敷として拝領した。それまでの下屋敷は浅草にあったのだが（現台東区浅草六丁目）、さっそく始まった改革の一環として、風俗に有害とみなされた江戸の芝居三座が移転されることになり、その結果押し出されるかたちとなったのである。

「佞人」甲府へ

政権交代のさいにはこのような粛正はつきものであるが、とくに天保改革期の特徴として目につくのは、幕臣の移動が江戸だけで完結するものではなかったということである。

そしてその第一の犠牲者として選ばれたのは、林忠英・水野忠篤とともに天保の「三佞人」と称された美濃部茂矩であった。彼は家斉死後の三月二十四日になぜかいったん新番頭格に出世しており、粛正の対象から外されていたかに思われていた。しかしそれは転落をいっそう印象づけるためであったか、すぐ翌月十七日に彼は三〇〇石を召し上げられ、甲府勝手小普請（甲府詰めの小普請）を命じられるのである。

『井関隆子日記』によれば、茂矩もまさか自分にこのような処分が下るとも思っていなかったようで、江戸城に呼び出しがあったさいも、彼は自分では赴かず名代を送り、悠々と酒など飲んで待っていたらしい。そして沙汰を受けて帰ってきた名代にも酒を勧め、役儀御免や減封の知らせを聞いても平然としていたというが、甲府送りという話を聞いて初

めて顔色を変えた。茂矩は、

「このようなお咎めは何事か、まったく思いもよらぬことだ」

と憤り、慌てて身の潔白を記した上書をしたためたが、時すでに遅し、もはや取り次ぐ者すらいなかったという。風聞であるからどこまで真実であるかは不明なものの、少なくともこの処分が世間に大きな衝撃を与えたことは確かである。

それから一年強が過ぎた天保十三年（一八四二）七月十二日、今度は水野忠篤にかわって家督を継いでいた孫の忠全が、石高の半分を召し上げられたうえ甲府勝手小普請を命じられている（『続実紀』）。蟄居中の忠篤に反省の色がないということが理由とされたが、その背景には水野忠邦の懐刀で南町奉行をつとめていた鳥居忠耀（耀蔵）の暗躍があった（松岡英夫『鳥居耀蔵』）。綱紀粛正という建前の裏には数々の冤罪もあったのだろう。

なお、稀代の陰謀家であった忠耀は、その後天保十四年に上知令をめぐる混乱で水野忠邦の地位が危ういとみるや、土壇場で反対派に寝返る。孤立無援となった忠邦は閏九月十三日に老中を罷免され、十一月八日には西丸下の上屋敷を召し上げられて虎門内に移っている（現千代田区霞が関一丁目）。代わってやってきたのは一日に老中に就任したばかりの牧野忠雅（越後長岡七万四〇〇〇石）であった。

忠耀は新たに老中首座となった土井利位（下総古河八万石）のもとでも閣僚におさまり、

さらに自身の地位を安泰にすべく、忠邦政権時代に工作員として利用していた御家人たちを口封じのため甲府に追いやろうとした。しかし忠耀の不覚は、いかに微禄の御家人であっても武士としての矜恃を有していることをあまりに軽視していたところにあった。結果、理不尽な人事に悲憤した彼らによって忠耀は町奉行在任中の陰謀の全てを暴露され（「甲府勝手小普請嘆願趣意書」）、弘化二年（一八四五）に改易となり讃岐丸亀藩に預けられた。山流しを企んでいたら逆に流されたのは彼の方であった。

改革と「山流し」

天保十二年（一八四二）五月十五日に改革の開始が宣言されてから、十四年閏九月十三日に水野忠邦が罷免されるまでの二年五ヵ月の期間に行われた屋敷拝領は、判明する限りでは二三一件を数え、およそ年間一〇〇件弱の割合となる。拝領件数は元禄〜享保期をピークとしてその後は年間四〇〜七〇件程度にとどまっていたから、この時期はピーク時に近い状況が戻ったようにも見えるが、数字だけを比較することはやや危険である。なぜなら、この間の件数を大きく押し上げている要素が二つほどあるからだ。一つは、先に見た感応寺の跡地に関わるもので、これが四五件。もう一つは、甲府送りとなった幕臣の跡屋敷に関わるもので、これが六八件もある。この二つだけで拝領件数がほぼ倍増した計算になる。

この期間中、改革の中心人物であった水野忠邦は新規屋敷拝領はなく、その代わりに四

表　天保改革期の水野忠邦による切坪相対替

切　　坪	取得屋敷地	備　　考
500坪	鉄炮洲築地750坪	鉄炮洲築地下屋敷の拡張
計960坪余 （4人＋新規道敷）	芝三田横新町780坪 芝元札之辻188坪余 同所180坪余 三田一丁目180坪	三田下屋敷の拡張
200坪	芝田町二丁目700坪	三田下屋敷の拡張
100坪	中渋谷村10,000坪	中渋谷村下屋敷の拡張

宮崎勝美「江戸の武家屋敷地」『日本都市史入門Ⅰ　空間』（東京大学出版会，1989年）をもとに作成．

度の相対替を行っている。しかもそれらはいずれも屋敷地のわずかな部分を相手の広大な屋敷と交換し、その差を金銭を渡すことで補う、いわゆる切坪相対替と呼ばれるもので、実質的な買得とみられる（宮崎勝美「江戸の武家屋敷地」）。天保十四年三月十二日の相対替にいたってはわずか一〇〇坪の敷地をもとに中渋谷の下屋敷を一万坪も拡張している（現渋谷区松濤一丁目・二丁目）ほどであった。

改革を標榜する老中首座自らが堂々と脱法行為に手を染めていたことからも、江戸における拝領政策がこのころには骨抜きになりつつあったことがわかるが、逆にそれだからこそ甲府への「山流し」はその例外として幕臣たちに恐れられることになった。先の美濃部茂矩の例に続き、天保十二年十二月十一日には一挙三二人の異動が発令されており、十三年、十四年にもまた次々と「不良」幕臣たちが甲府へと送られていった。

日付	相対替
天保13年10月３日	4方相対替
天保13年11月24日	5方8地相対替
天保14年２月29日	双方相対替
天保14年３月12日	3方相対替

幕藩体制の危機にさいし幕臣の綱紀粛正をはかろうとしていた改革推進者たちにとってそれは一つの政治的武器であった。江戸の周縁部への移転であれば、その後空き屋敷が発生したときに拝領を願い出たり、借地をするなどして便のよい場所へと移動する可能性は残されているが、甲府は江戸から一〇〇キロ以上も離れており、しかもその派遣は原則として無期限であった。生きて江戸の地に戻れる保証などない。「山流し」の恐怖は幕臣たちの神経を張り詰めさせるのに効果十分であったろう。

甲府への幕臣派遣の動向を調べると、そこには大きく三つのピークがある。一つ目は、甲斐国が天領となり、幕臣が勤番として移住することになった享保期、二つ目は、無役の甲府詰め幕臣である甲府勝手小普請制が始まった寛政期、そして三つ目はこの天保期である。政治史の分野では「三大改革」という捉え方はすでに過去のものとなっているが（藤田覚『近世の三大改革』）、こと甲府と幕臣の関係に限っては、その画期が俗にいう「三大改革」の時期と符合している。むろんその間に甲府における幕臣の位置づけも変化しているのであり、天保期の「山流し」のイメージをそのまま過去に遡らせることには注意を要する。そこで以下では、江戸幕府の歴史のなかでしばしば影のように見え隠れしている、甲府という都市の位置を振り返ってみることにしたい。

はじまりの甲府勤番

幕府と甲府

徳川家と甲府との関わりは天正十年（一五八二）に始まる。この年の春、徳川家康は織田信長・信忠とともに武田勝頼を攻め、武田家を滅亡させる。その後晴れて家康は当時古府中と呼ばれた甲府に入るが、ここは彼が生涯最大の敗戦を喫した相手である武田信玄の本拠地であり、感慨もひとしおであったろう。

戦後、甲斐国は信長家臣の河尻秀隆に与えられたが、家康はこの地に野心をもっていたのか、同年六月、本能寺の変後の混乱で秀隆が斃されるや、甲斐に兵を進めてこの地を版図に加えることに成功する。このさい武田氏の遺臣総勢八九五人が家康の家臣として組み込まれ（「浜松御在城記」）、その後の幕臣団の重要な一部を構成することになる。すでにふれたとおり、柳沢吉保の祖父信俊もそのひとりであった。

大名家康の甲斐国経営は天正十八年の関東転封により八年で途絶し、後には羽柴秀勝、加藤光泰（二四万石）、浅野長政（二二万五〇〇〇石）ら、秀吉子飼いの武将が封じられた。光泰の時代以降、城下町は躑躅ヶ崎館（現甲府市古府中町）を中心とする「古府中」から一条小山（現同市丸の内二丁目）に新たに築かれた甲府城の周辺域へと移転し、近世城下町への再編が行われたという（伊藤裕久・渡辺洋子「近世甲府城下町の空間形成」）。

慶長五年（一六〇〇）、関ヶ原の戦いに勝利した家康は再び甲斐国を支配下におく。今度は江戸が本拠地となっていたから、甲府はその西方の抑えとしていっそう重要な意味をもった。したがって十七世紀の藩主を見ると、まず慶長八年から十二年まで家康九男の五郎太（徳川義直、二五万石）が、元和二年（一六一六）から寛永元年（一六二四）まで秀忠三男の国千代（忠長、一八万石のち二五万石、甲斐国領有自体は寛永九年まで続く）が、寛文元年（一六六一）以降は家光三男の綱重とその子綱豊（二五万石）がそれぞれつとめており、いずれも将軍の最近親者であったことがわかる（それ以外の時期は天領支配）。ただしそうした幕藩体制上の位置づけとはうらはらに、この四人の「藩主」のうち甲府に足を踏み入れたのは忠長だけで、それも寛永八年に同地に蟄居の身となったためであった。

宝永元年（一七〇四）、綱豊が将軍徳川綱吉の継嗣として西丸入りすると、老中松平美濃守こと柳沢吉保が武蔵川越から移り、一五万石の藩主となる。幕府成立後徳川一門以外から甲府城の主となったのは彼が初めてであり、綱吉の寵愛ぶりがうかがえる。吉保もまた甲府入りすることはなかったが、彼の時期に甲府城の殿舎が初めて造営され、城下の再整備に手が付けられている。

宝永六年に最大の庇護者であった綱吉が薨去すると吉保は隠居し、子の吉里（よしさと）が藩主を継ぐ。時代の主役は新井白石（あらいはくせき）や間部詮房（まなべあきふさ）らに移り、吉里は幕府の要職とは無縁であったが、それゆえに彼は宝永七年以降たびたび就藩し、ここにおいてようやく甲府に軸足を据えた藩政が展開するに至った。

甲府勤番の開始

しかし柳沢氏の甲府藩政も二〇年にして終わる。吉宗政権下の享保九年（一七二四）三月十一日、吉里は大和郡山一五万石への転封を告げられ、結果甲斐国一国が天領となったのである。これを吉宗による柳沢氏の左遷とみる向きもあるが、むしろ享保の改革にともなう天領拡大・幕府権力強化策の一環としてとらえるべきであろう（村上直「甲府勤番支配の成立」）。

甲斐国の村方は甲府・上飯田（かみいいだ）・石和（いさわ）の三つの代官所（現甲府市中央三丁目、同市宝二丁目、笛吹（ふえふき）市石和町市部（いちべ））により支配されたが、甲府城と城下町については七月四日に設置された甲府勤番の管轄とされた。

甲府が幕府の直轄城下町となったのはこれが初めてではない。しかしこのとき採用された勤番という新しい職制はそれ以前とは大きく異なるものであった。

それまで、京都や大坂、駿府など幕府の直轄城下町に派遣される幕臣は武官のなかから順番に選ばれていた。これを在番という。京都二条城と大坂城の場合、毎年それぞれ二組（一組五〇名）ずつの大番（常備部隊）組番士が交代して守衛にあたっていた。大番は一二組あるから、単純計算で三年に一度は上方（二条城・大坂城）に詰めていたことになる。また駿府城の場合ははじめ大番から、のち書院番（将軍親衛隊）から一組が派遣されていた。忠長の改易後、綱重が入封するまで幕府直轄とされていた甲府城の守衛にもまた年番制がとられていて、こちらは三〇〇〇石以上の上級旗本二名がそれぞれ与力六騎・同心二〇名をともない交代で赴任していた。

享保九年に開始された甲府勤番制はこれらと比較するとその画期性が明らかになる。一つは兵力で、三〇〇〇石高の甲府勤番支配二名がそれぞれ追手組と山手組という組を統轄し、各組に勤番士一〇〇名（二〇〇俵高、組頭二名を含む）、与力一〇騎、同心五〇名が附属する体制がとられていた。およそ二条城・大坂城の倍、駿府城の三倍の兵力が投入された計算になる。

もう一つは、これが最大の転換であるが、番士は交代ではなく固定した役職として勤めることになった点である。勤番士に選ばれた幕臣は江戸屋敷を返上して甲府に移住しなければならず、また任期もなかった（唯一甲府勤番支配だけは例外で、数年間の勤務の後に江戸に転任するのが通例で、甲府在勤中も江戸屋敷は保持していた）。一度選ばれたが最後、再び江戸に戻れる望みはきわめて小さかった。

勤番制の背景

このような甲府に対する新たな施策がなされたのにはいくつかの理由があったと考えられる。一つは先にもふれたとおり、幕府による天領政策との関わりである。徳川吉宗は財政収入源を求めて天領を拡充し、改革期間内に総石高を四〇〇万石から四五〇万石まで増加させたが（藤田前掲『近世の三大改革』）、この増加分の三割が甲斐国に相当する。甲斐国の場合、重要性はその石高のみならず、江戸のある武蔵国のすぐ西隣という立地にもあった。その中心としての甲府城に直轄城下町として最大の兵力を投入したことからは、吉宗政権の地政学的な戦略を読み取ることができる。

また従来の在番制にかわって勤番制が採用された理由の一つもこのことと関係している。そもそも一年ごとに入れ替えが行われる在番制では、番士たちが土地に根を下ろさないので先を展望した城下町統治を行うには困難があり、必然的に都市行政は土地の事情に明るい在地の有力者にゆだねられてしまうきらいがあった。それゆえ要衝としての城下町甲府を幕府の側が主体的にコントロールしていくためには、番士を定着させて長期的視野にたった施策を行いうる体制をつくる必要があったと考えられる。

しかし甲府勤番創設の背景はそれだけで説明できるものではない。もう一つの理由は幕臣団内部の問題に求められる（寺田登「幕政改革と寄合・小普請対策について」）。すでにふれたように、幕臣団の規模はたび重なる編入を経て大きく膨れ上がり、甲府勤番創設直前の享保九年（一七二四）五月段階で旗本は五二〇五人に達していた（『柳烟雑録』）。このうち役職につけたのは三〇〇〇人程度にすぎず、そこからあぶれた人々（三〇〇〇石以上を寄合、以下を小普請といった）をいかに処遇するかは幕臣団の統制のうえでも重要な課題になりつつあった。

この問題を解決するため、吉宗の侍講であった室鳩巣（むろきゅうそう）は享保七年に京都・大坂・駿府三都市の在番に対する改革を提起している（『献可録』）。すなわち、番方からの交代勤務であった在番制を勤番制に切り替えることで小普請に役職を与え、併せてこれまで在番として赴任する番士に支給していた手当（合力米）を廃止することで歳出削減をはかろうというのである。これがかたちを変えて実現したのが甲府勤番であったといえる。

実際、このとき任命された二〇〇人の勤番士は全員が小普請から選ばれており、しかもそのうち八割は生まれて初めての役職登用であったという（平澤勘蔵「甲府勤番支配の成立に関する一考察」）。少なくとも当初の勤番任命には無役の旗本への救済措置としての意味合いがあったように思われる。

興味深いのは、選ばれた二〇〇人のうち四三人は先祖または本人が何らかのかたちで甲斐とつながりがある人物だったという点である（同右）。

武田氏甲府に還る

たとえば勤番士の一人、今井信標は先祖が甲斐国今井村（現甲府市上今井町・下今井町）の出身で、武田氏が滅んだ後は家康に仕えて幕臣となった。曽祖父信盛の代である。その二男として生まれた則房が慶安四年（一六五一）に徳川綱重に附属されたのは運命のいたずらか、一〇年後に綱重が甲府城を与えられたのにともない則房も「甲府藩士」となった。

武田氏略系図

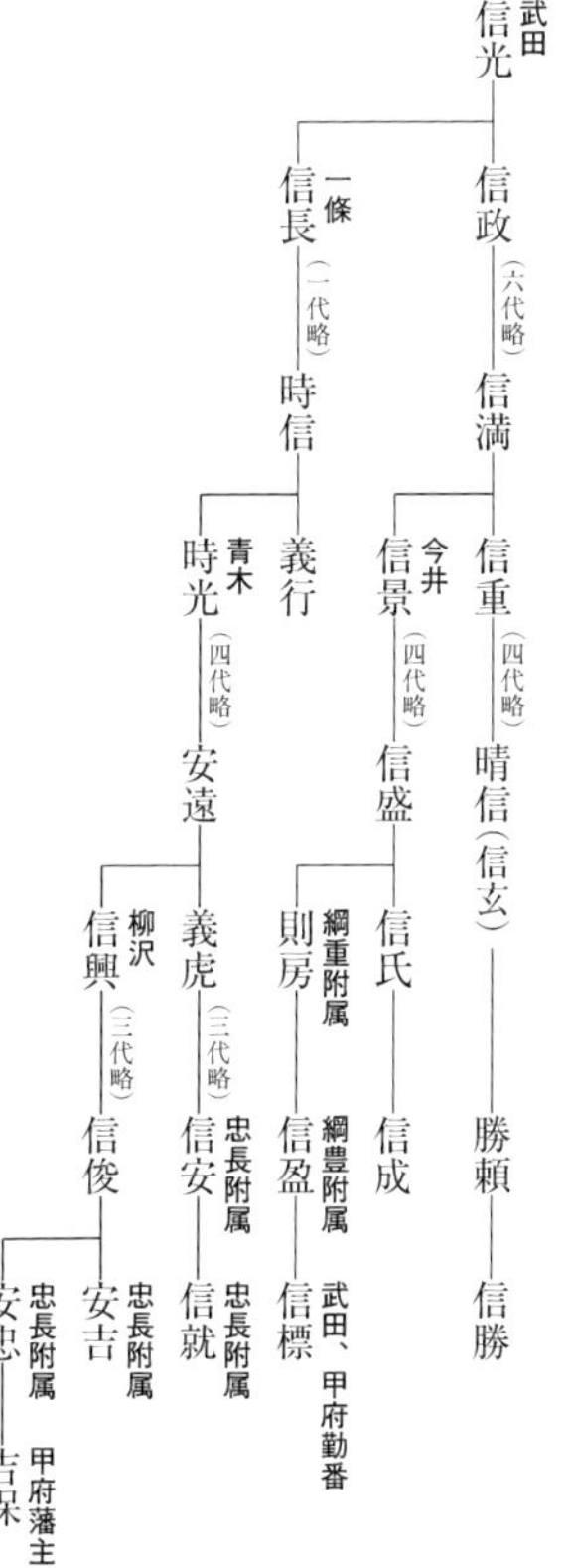

屋敷は江戸の浜屋敷内にあったとはいえ（『甲府様御人衆中分限帳』）、形式上は父祖の地との縁が戻ったことになる。

信標も祖父則房、父信盈（のぶみつ）につづいて「藩士」の地位を継ぎ、江戸の地で綱豊に仕えていたが、宝永元年（一七〇四）に主君にしたがって幕臣に「復帰」する。しかしとくに役職を得ることもなく二〇年を過ごし、この享保九年（一七二四）から甲府勤番として赴任するに至ったのである。まるで父祖の地の霊に呼びよせられるかのような歴史であるが、二割という率を考えると、勤番士の選定のさい、甲府にまつわる由緒の有無が実際に検討材料の一つになっていた可能性もあろう。

この信標であるが、甲府に移住した一〇年後の享保十九年、幕府にとくに願い出て苗字を「武田」に改めている（『寛政譜』）。家伝によると同家が甲斐源氏武田氏の支流にあたるということが理由とされたが、甲斐の地に根を下ろす決意表明であろうか。

勤番士の屋敷移動

享保九年（一七二四）八月十三日に二〇〇人の勤番士が決定し、彼らの江戸屋敷は幕府へと返却されたが、さっそくこの八月から跡屋敷の拝領記事が確認される。新たな拝領者が決まっていない場合でも、近い将来に拝領が見込まれる場合には近隣屋敷の拝領者に当面預けておくかたちがとられたが、記事を確認する限りではおよそ半数の屋敷が拝領または預かりとなっている。場所は番町（ばんちょう）・小川（おがわ）

町・駿河台など比較的江戸城に近いところから、郭外の小石川・小日向、江東の本所などの周縁部までさまざまではあるが、むろんすぐに拝領者が決まるのは前者の方からである。なかでもよい屋敷を真っ先に得たのは吉宗に付属して幕臣となった旧和歌山藩士たちであった（「屋敷書抜」ほか）。

屋敷収受記事から確認のできない残り半数の幕臣の屋敷が江戸のどこにあったかについては定かではないが、時間がたっても拝領者が現れず、かつ預かられた形跡もないところから考えると、居住することを好まれないような場末の地であった可能性が高い。そのような地に住んでいた無役の小普請たちが、今回の異動を新天地での再出発として受け取ったか、江戸の最周縁からさらに「外なる周縁」の地への追放として受け取ったか、そのあたりは微妙である。

一方で移動先である甲府城下町の屋敷はどうであったか。記録によれば、新たに勤番士が居住する屋敷は柳沢時代のものをそのまま引き継いだようで、当時の郭内（甲府城内堀内）一四九屋敷、郭外（内堀外）二二六屋敷に屋敷番号が付され、これを単位として割り当てが行われている（『甲府御城付』）。なお、このときの番号はその後も「郭内（外）〇番」という形式で屋敷の表示方法として使用され続ける。これは江戸でも見られない甲府独自の武家屋敷管理システムで、いわば幕府の「植民都市」としての甲府の特殊性をよく

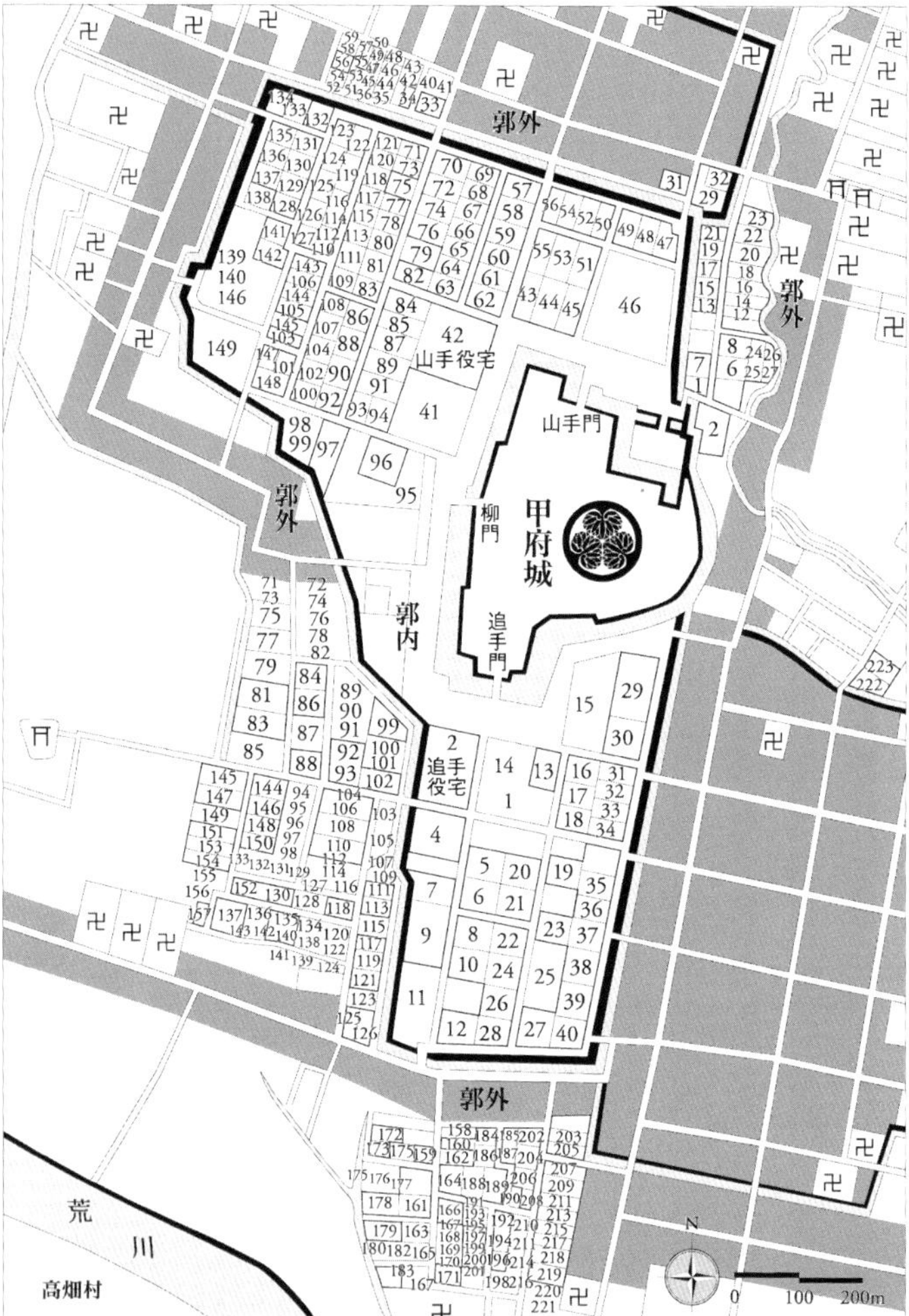

勤番制開始当初の甲府城下町

(「甲府城下町絵図」〈坂田家文書〉,『図集日本都市史』〈東京大学出版会, 1993年〉をもとに作成. 太線で囲んだ屋敷が勤番制開始当時の番士拝領屋敷を示す)

示すものといえよう。

割り当ての基準は勤番士の石高と対応していた。およそ五〇〇石の番士へは七〇〇〜八〇〇坪、三〇〇石へは五〇〇〜六〇〇坪、二〇〇石へは三〇〇〜四〇〇坪程度が基準だったようで、江戸では三〇〇石以上が五〇〇坪、一〇〇〇石以上が七〇〇坪とされていたから、それより若干広い。判明する範囲で調べてみても、甲府での屋敷が江戸にいたころよりも広くなっている場合が大半である。組頭に就任した勤番士の屋敷はさらに広く、たとえば追手組組頭となった深谷盛重（五〇〇石）は郭内八日市門内十八番一一六〇坪（現甲府市丸の内二丁目）と、二〇〇人の中では最も広い屋敷を得ている。江戸で拝領していたのは牛込逢坂の五四〇坪の屋敷（現新宿区若宮町）であったから、面積だけでみれば倍以上になる。

屋敷の決定にあたって考慮されたのは以上二点で、地番と坪数の書き付けだけをもとになされたと考えられる。そのためいざ現地に着いてみると実際の規模が異なっていたり、建物が壊れているなど種々の不具合があり、屋敷替えを行わざるをえなかったところが少なからずあったという（『裏見寒話』）。このあたりも番号での屋敷表示とともに幕府による機械的な空間把握のあり方を示している。

綻びの予感

こうして始められた甲府勤番制であるが、番士の移住は無期限であっただけに当初から問題の火種は存在していた。将軍吉宗自身、室鳩巣が在番制の改革を提唱したさいに、

「遠いところに城番などで妻子とともに引っ越したならば、出世の望みがないように感じて気鬱（きうつ）にならないだろうか」

と疑問を呈してもいた（『兼山麗沢秘策』）。結果としては吉宗の懸念は当たった。享保九年（一七二四）八月十三日に二〇〇人の勤番士が選ばれてからというもの、享保十九年五月二十八日に組頭深谷盛重が目付に転任するまでのほぼ一〇年間、改易と無嗣断絶が一件ずつあった以外、一人の転入・転出人事も行われなかった。この間甲府にて亡くなった勤番士もあり、その場合役職は世襲された。小普請から登用された勤番一世にとってはまだ出世という感覚があったろうが、二世にとってはもはや桎梏（しっこく）でしかなかったろう。

勤番士たちにしだいに閉塞感が漂い始めたであろうそのころ、事件は起こった。享保十九年十二月二十四日、甲府城追手門櫓内に何者かが侵入し、中に貯えてあった小判三九三両二分、甲州金一〇二九両三分という大金が盗まれたのである（「甲府御城内御金紛失一件掛り合いの者銘々申口書立」）。幕府直轄の要衝の城がやすやすと侵されたという衝撃のうえに、取り調べの結果さらに悪いことに、事件のあった夜に勤番士たちが博奕（ばくち）に興じていた

ことまで明らかになった。翌年八月五日、有罪となった勤番士六人は重追放の判決をうけ、改易された。

　事件が解決したのはそれから八年も経った寛保二年（一七四二）のことで、しかも城下南郊の高畑（たかはた）村（現甲府市高畑）に住む次郎兵衛（じろべえ）という百姓の単独犯行であったことは幕府にさらなる衝撃を与えた。わずか一人の百姓に簡単に侵入を許す城は、もはや実質的に無防備状態にあったといってよい。

　享保二十年の処分により勤番士は一九〇人にまで減ったが、番士の補充は宝暦四年（一七五四）に部屋住みの勤番子弟から行われ（『甲府御城付』）、江戸からの新規番入りは安永四年（一七七五）まで見られない。転出者はさらに少なく、先の深谷盛重に続く江戸転任人事は安永三年の内田正房（うちだまさふさ）（勤番二世）まで四〇年もの間発令されることもなかった。侵入事件の衝撃にもかかわらず、幕府がその後人事面で積極的な対策を打ち出した形跡もなく、固定的なメンバーによる勤番制の持続により、甲府の武士たちの空気はいよいよ澱んできていた。

　それは武家屋敷のあり方ともつながってくる。甲府への引っ越しが落ち着いた享保十年以降、『甲府勤番日記』が残る安永九年までの五五年間に甲府内部で屋敷を移動した勤番士はわずか一一人（うち四人が空き屋敷への移動）が確認されるにすぎない。硬直化していたのは人事だけではなかった。

甲府に生きる

甲府勤番制が始まってから半世紀以上が過ぎた。天明六年（一七八六）、江戸の政局にも動きがあった。

田沼時代から寛政の改革へ

それまでの幕政の中心にあったのは老中の田沼意次である。すでにふれたように、彼は和歌山藩からの幕臣編入者の二世にあたり、享保二十年（一七三五）三月四日に十七歳で家督を継いでいる。このときの家禄は六〇〇石、屋敷は本郷御弓町にあった（現文京区本郷一丁目）。それからの意次は家重・家治二代の将軍からの篤い信頼を背景として出世を重ね、明和九年（一七七二）からは側用人と老中を兼ねて表と奥の両方を掌握し、天明五年には石高は最高の五万七〇〇〇石（遠江相良、現牧之原市相良）に達していた。当時の上屋敷は神田橋門内にあり、八七五六坪の規模を誇っていた（現千代田区大

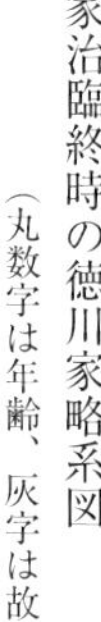
家治臨終時の徳川家略系図（丸数字は年齢、灰字は故人を示す）

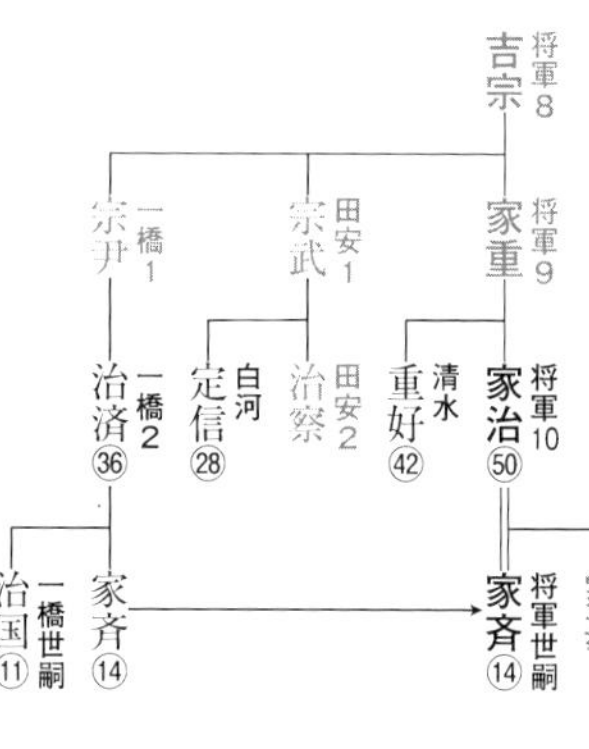

手町一丁目）。この屋敷の前の主は元老中の秋元凉朝（武蔵川越六万石）であったが、明和四年（一七六七）八月十五日の屋敷替えにより入れ替えが行われたのである。凉朝は同年六月二十八日に西丸老中を辞職したばかりであり、さらに翌月十五日には出羽山形へ左遷されているから、この屋敷替えは政権内での勢力交代を象徴的に示すものであった。

このような政敵との競争に打ち勝って急激に上昇街道を歩んできた意次であったが、その転落も同じように早かった。天明六年八月二十五日（公表は九月八日）、体調を崩し病臥していた将軍家治が薨去すると（家治の薨去日については藤田覚『田沼意次』を参照）、後ろ盾を失った意次は二日後に老中辞任に追い込まれる。さらに閏十月五日には在職中の「失政」をとがめられ、二万石を削減されたうえで神田橋門内の上屋敷も没収されてしまう。このとき意次には代替の屋敷すら与えられず、やむなく木挽町の下屋敷（現中央区銀座五丁目）を上屋敷に変更することを余儀なくされた。

意次の受難はなお続く。翌年六月十九日、吉宗の孫で陸奥白河藩一一万石を嗣いでいた松平定信が老中首座となった。六日後に彼は一等地の西丸下に上屋敷を得て、いわゆる寛政の改革に着手することになるが、この定信は白河藩へ養子に出されたさいの遺恨もあって、意次に対して憎悪に近い感情を抱いていたようだ。同年十月二日、意次には強制的に隠居が命じられ、後継の龍助（意明、意次の孫）はわずか一万石に削減のうえ陸奥下村（現福島市佐倉下）に移された。

大幅に経済的基礎を失った田沼家は苦しんだ。家臣団を減らしはしてもなお台所は火の車であった。窮した意明は寛政四年（一七九二）、蠣殻町にあった七四六六坪余りの下屋敷（現中央区日本橋蠣殻町一丁目ほか）を出して青山若松町二一七六坪余りの屋敷（現港区北青山一丁目）と相対替するにいたった。坪数が大幅に減ったうえ、中心部から離れてもいるので、むろん見返りに金銭を手にしていると考えてよい（宮崎勝美「江戸の土地」）。なおこのときの相対替は六人が関与した大規模なもので（これを六方相対替という）、そのなかには今の意明をかくあらしめた張本人である松平定信や新将軍家斉の実父徳川（一橋）治済らも名を連ねていたのは皮肉というべきか。

甲府勝手小普請

このように前政権の中心人物を粛正した松平定信は、緩んだ風紀を引き締めるべく、さまざまな面から改革を進め始めていた。

天明九年（一七八九）一月二十五日、たび重なる災厄からの脱却の願いを込めて年号が寛政と改められるが、この年は甲府にとっても一つの画期となった。まず七月五日、小普請組のうちから一挙一六人に対し、甲府勤番入りの通達が下る。この年には素行不良の代官や旗本、奥女中らが続々と処罰されており、一連の綱紀粛正策の一環であったことがうかがえる。

これにつづいて九月二十七日には小普請の森川勝理（もりかわかつのり）・高田孫七（たかたまごしち）の両名に、翌寛政二年十一月十六日には小普請の稲葉通生（いなばみちなり）に甲府行きの通達が下されているが（『甲府御城付』）、この人事はそれ以前とは大きく異なる意味をもっていた。というのも、甲府での彼らは勤番の役職を得ることもなく、小普請のままであったからだ。これがいわゆる甲府勝手小普請のはじまりである。

森川勝理と高田孫七の場合、知行はそれぞれ一五〇俵、一五俵一人半扶持の御家人であったから、二〇〇俵高の甲府勤番とするには不足と考えられたのであろうか。なお、一〇〇俵以上の小普請については人物しだいで勤番入りもありえたといい、森川勝理もその後番士に昇格したようであるが、一〇〇俵未満は身持ちがいかに堅固であっても勤番にはなれなかったといわれ（『甲斐廼手振（かいのてぶり）』）、どうにも救いがない。

一方、稲葉通生の方はこの時点での知行は三五〇石で、勤番となるには十分であったが、家譜によれば彼は素行が悪く、寛政二年二月二十三日に知行の半分を召し上げのうえに閉門処分を受け、六月六日に許されたばかりであり（『寛政譜』）、彼の場合は明らかに懲罰的に甲府に送られたことがうかがえる。こうしたことから考えると、甲府勝手小普請とは、対象者の御家人層への拡大と不良幕臣の流謫を企図して設定されたものであることがわかる。その後も続々と送り込まれる甲府勝手小普請は寛政の改革期だけでも二二人を数え、勤番として送られた一五人を上回っている。

駿府勤番

この寛政二年（一七九〇）にはもう一つの大きな動きがあった。甲府城とならぶ江戸西方の抑えであった駿府城への勤番制の適用である。すでにふれたように、直轄化後の駿府では在番制がしかれ、書院番から一組（五〇名）が交代で派遣されていたが、これを甲府同様に現地在住の勤番制に切り替えることとしたのである。

寛政二年七月二十日、駿府勤番として二〇人が決定されたが（『続実紀』）、その全員が甲府勤番からの転属であった。ようやく転出となったと思えばまた別の勤番へのたらい回しとなれば、指名された番士たちの心中や察するに余りある。

翌年、江戸の小普請組から一〇人が追加され、計三〇人となったものの、在番時代の六割、甲府勤番の六分の一未満にすぎず、果たして城の防衛という目的にかなったものであったかどうかは疑問である。

駿府城は内堀・中堀・外堀の三重の堀で囲まれた輪郭式の構成をとっていた。勤番時代

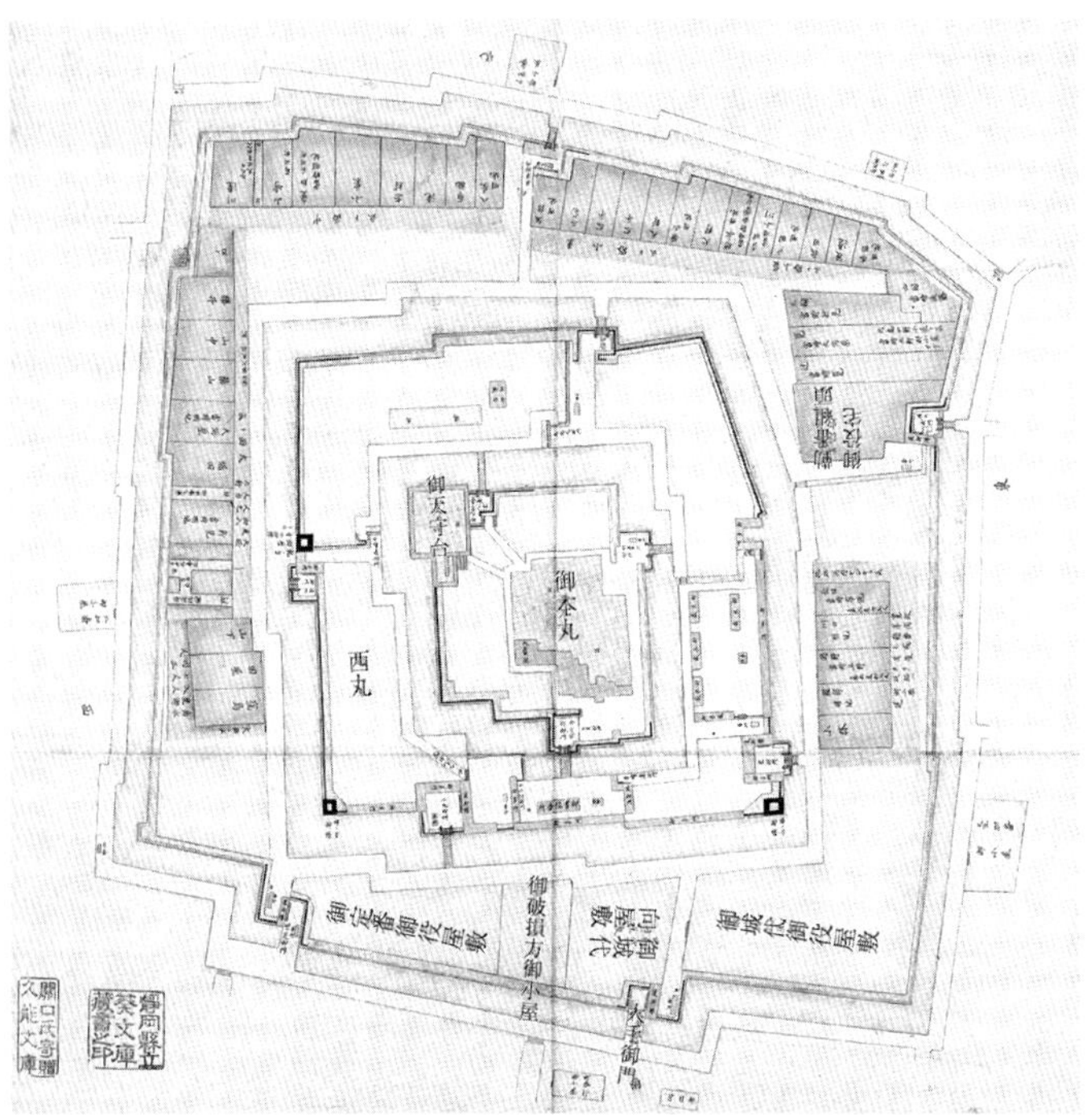

安政年間（1855～60）の駿府城内

（「駿河国御城図」〈部分，静岡県立中央図書館久能文庫所蔵，明治21年写〉．活字は原図表記による）

の駿府絵図を見ると、番士の屋敷地は三丸にあり、中堀を隔てて二丸を西・北・東からぐるりと取り囲むように形成されていたことがわかる（現静岡市葵区追手町・城内町・駿府町）。南側には役屋敷があり、駿府の武家地はこの三丸までで大部分がおさまってしまう。それも決して密度は高くなく、逆に空閑地すら目立つほどである。在番時代よりも人数が削減された結果であろう。

武家地のさらなる縮小は町方にも打撃であった。やってくるのは決して裕福でない勤番士であるうえに、在番時代には支給されていた合力米（こうりょくまい）も廃止されたために、それまで書院番を上客としていた町人たちの収入源が絶たれることになったのである。寛政四年に彼らは町奉行宛てに在番制の復活を求める嘆願を提出していたりと（寺田登「駿府勤番について」）、直轄城下町駿府もまた都市としての曲がり角にきていた。

三都市間を移動する武士たち

この寛政の改革期、甲府から駿府へ、江戸から甲府へ、江戸から駿府へと幕臣たちは動いたが、一方で甲府から江戸へ移る幕臣たちも少なからずいた。その第一号となったのは、天明八年（一七八八）十月十九日付けで徒頭（かちがしら）となった薬師寺元著（やくしじもとあきら）であった。彼は勤番二世にあたるが、文武にすぐれていたといい（『よしの冊子』）、改革の綱紀粛正策のなかでの模範として江戸に呼ばれたのであろう。寛政四年（一七九二）四月九日に江戸城白書院で武芸の台覧があったさいには元著も呼ばれて宴をたまわっている（『寛政譜』）。

江戸に復帰した元著が拝領したのは裏四番町広小路（うらよばんちょうひろこうじ）の三九一坪余の屋敷で（現千代田区富士見二丁目）、寛政二年正月二十一日に引き渡しがされている（「屋敷証文」）。ここの前の拝領者は、寛政元年七月五日に甲府勤番となって赴任したばかりの山名如風（やまなちかひろ）で、入れ替わりのかたちになっている。偶然にもその北隣の屋敷の主は、同じく甲府勤番から江戸への復帰を果たした深谷盛重の孫であった。

この薬師寺元著につづいて、寛政二年十二月八日には八人の甲府勤番士が江戸へ転任となっている。寛政の改革期間中で集計するならば、江戸から甲府へは三七人、甲府から江戸へは九人、江戸から駿府へは一〇人、甲府から駿府へは二〇人と、三都市間で幕臣たちの異動が行われたことになる。先の元著の例のように、そこで発生した空き屋敷に新たに移ってきた幕臣が入ることもたびたびあり、甲府の武家地もここにきてようやく変化を見せ始めることになる。

こうした異動をめぐっては、幕臣たちのあいだにさまざまな憶測を呼んだ。とくに関連を噂されたのは、一橋家の当主徳川治済の存在であった。彼は吉宗の孫にあたり、また時の将軍家斉の実父であったことから、家斉は治済に大御所の尊号を与えようとしていた。松平定信の腹心である水野為長（みずのためなが）が市中の噂話をまとめた『よしの冊子』には、このことと先述の甲府・駿府政策とを結びつけるような風説が記されている。ある説では、駿府勤番を創設して甲府から勤番士を移したのは、治済を近く甲府城に封ずる計画があるからではないかといわれ、またある説では、江戸から甲府にまた多く人を移したのは、治済が大御所として二丸に入ることになったときに家臣たちにその空き屋敷を与えるためではないかともいわれた。後者については「紀州人へ甲府の明屋敷を下さった様に」と先例もあげており、全く根拠のない想像とも言い切れない。

現実にはこのころ朝廷との間に勃発した尊号事件（時の光格天皇が実父の閑院宮典仁親王に太上天皇の尊号を贈ろうとして幕府に拒絶された事件）のあおりをうけて「大御所治済」計画は未遂に終わっており、このことが一因となって寛政五年七月二十三日に松平定信は老中を罷免されることになる。

荒みゆく甲府

寛政の改革により直轄城下町間の人事異動が増え、甲府での行状しだいでは江戸への転任も夢ではなくなったが、そのことは江戸行きを褒賞とし、甲府行きを流謫と見なす位置づけをさらに強化するものでもあった。そこでは当初のような、小普請層への救済としての甲府勤番という目的は影を潜めてしまっている。江戸中心主義の跋扈である。

それゆえ、甲府の幕臣たちは荒んだ。さきの『よしの冊子』には一見矛盾するかのような二つのエピソードが記されている。現代語に訳して示そう。

①　甲府勤番に江戸からやってくるものはいずれも手だれ者（一筋縄ではいかない者）どもだが、向こうに引っ越してみると、現地の手だれ者どもが非常にいじめ、最初にお祝いとして四五人ほどで連れ立ってやってきて、それぞれ二〇〇文ずつ酒代を持参するという。（そこで）酒を買って振る舞うと、「この酒は悪い、買い直せ」などと言うとのこと。（また）弓を射るとき、「江戸で稽古もおやりだろうが、こちらでの射方もあるから稽古なされ」と言って射させ、見物しながら、「そんな（射方）ではダメだ」などと弓を持って殴りつけたりしていじめるという。また（屋敷に）やってくると、そのまま奥へ通り、「奥方にお目にかかろう」などと言ってくるとのこと。あるいは「今晩は客を呼んで酒を飲むのに酌をする者がいないから、奥方をお借りしたい」などと言って寄こすよし。江戸の手だれ者も大いに弱り、内々勤番支配に相談したところ、「追って処置もあろうから、まずは何としてもこらえてくれ」とのこと。余りのつらさに、江戸の親類に右の様子を書状に書き歎いているとのよしの沙汰。

②　近頃甲府勤番へ江戸より次々に送られてくるのは、つまりは放蕩者だから甲府に送り、つらい目に遭わせて懲らしめるというご趣意であるが、甲府居着きの者はいずれも田舎者で、現在江戸よりやってくる人たちは手だれ悪たれ者であるから、甲府居着きの

者を田舎者だと馬鹿にし、組頭らの言うことも茶化してまともに聞かず、向こうでも手に余るくらいであり、いよいよ江戸者は甲府でも放蕩をするであろうから、いずれは甲府の田舎者も江戸者に染められるだろうという。

二つのエピソードの内容は正反対ではあるが、おそらくどちらも実情を示しているのではないか。甲府者であれ江戸者であれ、弱みを見せた方がやられるのであり、当時の甲府には弱肉強食の荒んだ空気が満ちていたことは十分にうかがえる。「山流し」の歪みである。

甲府の武家屋敷の固定的な枠組みもそれにともないしだいに崩れていく。十九世紀に入るころには、城下の拝領屋敷の一部または全部を他人に貸し、地代を収入源にあてるような事例も見られるようになってくる。身を持ち崩した番士や小普請たちの窮余の手段であったろうか。このころ以降の絵図や史料から地番の記載がしだいに消えていくのはそうした変容のあらわれと考えられる（拙稿「直轄城下町甲府の都市空間」）。

富田武陵と徽典館

そうしたなか、寛政六年（一七九四）二月二十一日、一人の男が甲府勝手小普請として城下にやってきた（『甲府御城付』）。名を富田幹、通称富五郎、号を武陵という。このとき松平定信は失脚していたが、辞令が下ったのはまだ彼が老中の座にあった寛政五年三月のことであった。彼は当時伊賀同心で、四谷南伊賀町の一五三坪余の屋敷にいた（現新宿区若葉一丁目、「屋敷証文」）。彼を含め伊賀同心

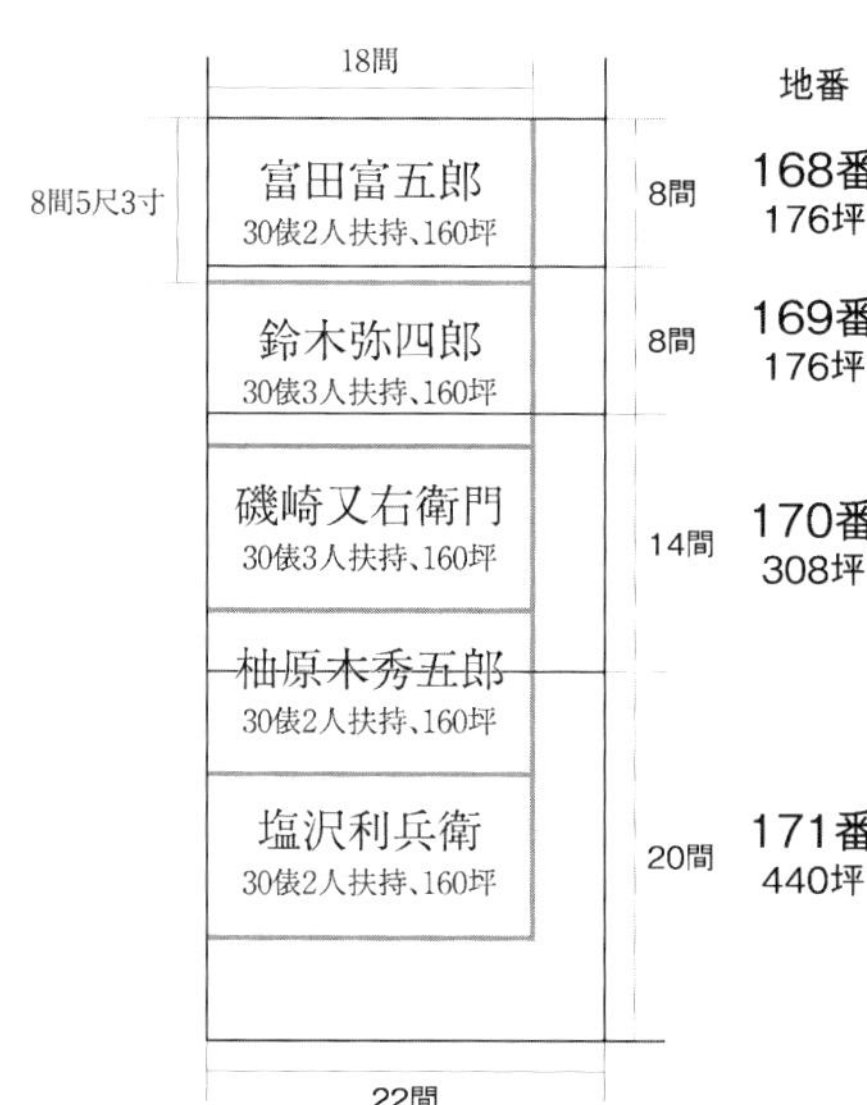

郭外代官町の拝領屋敷模式図（「郭外代官町屋敷割図」〈山梨県立図書館所蔵〉をもとに作成）

五人が一度に甲府に送られた背景を、墓碑銘は「事に坐して峡中に遷る」と、事件への連座であるとするが、真相はよくわからない。

甲府勝手小普請となった五人には、城下の南端にあたる郭外代官町にまとめて一六〇坪ずつ屋敷を与えられた（現甲府市相生二丁目）。地番では郭外一六八番、一六九番（ともに一七六坪）、一七〇番（三〇八坪）、一七一番（四四〇坪）に相当するが、このときの屋敷はすべて間口八間五尺三寸、奥行き一八間で割り出されている（「郭外代官町屋敷割図」）。五人の禄高は三〇俵二〜三人扶持とほぼフラットであったから、均等に割り付けるためには不揃いな屋敷の区画は無視せざるを得なかったのであろう。地番が有名無実化していく過程がここからもよくわかる。

武陵は三〇俵二人扶持という小禄で、しかも無役の小普請であるから江戸と同様に小普請金という上納金（金二分）を納入しなければならず、生活はかなり苦しかったと思われる。その後彼は追手組の与力に就任したようだが（『甲府徽典館』）、彼の禄高では勤番への昇格は絶望的であり、彼は地位の面でも屋敷の面でも周縁的な存在であったといえよう。しかし沈滞する甲府に新しい風を送り込んだのは他ならぬ彼であった。

　先にふれたように甲府行きの人事発令は連座によるものだったから、彼自身の素行には特別問題があったとは思われない。むしろ彼には文武両道の才があったようで、甲府では有志の者を相手に漢学塾を開いていたという。その能力は勤番支配の知るところとなり、やがてその塾は追手役宅内の学問所に発展する（現甲府市丸の内一丁目、甲府市役所）。墓碑銘によると、その時期は「永見予州公・近藤淡州公両鎮台」、つまり永見為貞・近藤政明の二人が甲府勤番支配であったころとあるから、寛政七年十二月十二日以降十年正月十一日までのことであろうか。

　この塾は享和三年（一八〇三）秋に甲府の正式な学問所とされ、武陵はその初代教授に就任する。校舎も翌文化元年に役宅内から南の追手小路八番屋敷六三八坪に移転している（現同市中央一丁目）。この屋敷にいた勤番士渡辺睦は寛政八年十二月十四日に西丸書院番となって江戸に移っているから、その空き屋敷を利用したのであろう。文化二年には大学頭林衡（述斎、鳥居忠耀の実父）がこの学問所を、『書経』の「慎徽五典（慎みて五典を徽（よ）くす）」からとって徽典館（きてんかん）と命名している。現在の山梨大学の前身である。

この時期に甲府に学問所が設置されたことは寛政の改革の学問奨励策の余波ともいえるが、甲府に居住する勤番士にとっては、学問を行うことは自らの優秀さを幕府にアピールし、江戸への転任を果たすための最大の近道であると意識されたと思われる。そこに幕府と甲府の勤番士との利害の一致がある。

しかしその動きの中心にいた肝腎の武陵にとってはそうではなかった。享和三年時点ですでに六十二歳、さらに小禄のため勤番昇進の見込みもない武陵は、その機会が決して自分にはめぐってこないことをまた知っていたであろう。彼は学問所がまだ家塾的な性格の場であったころから、自らの学を勤番の子弟のみならず農・工・商の有志者にも教授しており、またそのかたわらで甲斐国に関する総合的な地誌である『甲斐国志（かいこくし）』の編纂にも着手していた。諦念の結果であったのかもしれないが、山流しの果てに彼は甲府に自らの場所を見出し、そしてやはり江戸に戻ることのないまま、文化九年に甲府で歿した。享年七十一。

拝領の終わり——エピローグ

屋敷は動く

万華鏡のようにたえず移ろいゆく江戸の武家屋敷の様相は一見すると捉えがたい。しかし本書でこれまで述べてきたように、その動きを仔細に見ていくならば、それは拝領者と幕府との関係の紐によって織りなされていたことがわかる。

幕府の草創間もないころの基礎的な武家地のマッピングでは、江戸城本丸・西丸を中心として、大手（東側）の近接域に幕閣譜代の屋敷が、その外側の大名小路から外桜田、愛宕下にかけて外様大名が配されていた。この枠組み自体は近世を通して基本的に維持されたが、とくに前者では幕閣の交代にともなって頻繁に拝領者が入れ替えられており、その空間は決して静態的なものではなかった。

一方江戸城の背後には徳川家門大名たちの屋敷が並び、将軍を支える近親者という構図が空間的にも示されていたが、将軍職が血縁者によって世襲されている以上、家門大名は将軍にとって親しい相手であると同時に脅威でもあった。三代将軍家光の弟忠長が「潜在的幕臣」としての家臣もろとも改易され、彼らの江戸屋敷も一掃されるに至ったのはそうした矛盾の表れといえるし、またいわゆる「御三家」の屋敷も四代家綱のときに明暦の大火を契機として江戸城から遠ざけられている。

しかし将軍職の直系相続はこの家綱の代で途切れ、家門大名の将軍昇格は綱吉によって現実のものとなった。むろんそこでは政権の正統性が問われることになり、綱吉は大名の改易や江東からの強制撤退など、ことさらに将軍の力を印象づける政策を打ち出すことで自らの弱点に打ち克とうとしていたように思われる。またそうした諸政策は屋敷地の処理を媒介として相互に連関しており、武家屋敷を動かす関係の紐の複雑な絡まりを見ることができる。

六代将軍家宣もまた綱吉と同様に家門大名から将軍となった人物であるが、彼の場合は前将軍綱吉の生前に継嗣となることが決定され、将軍就任までに準備期間があったために政権移行もゆるやかに進んでいった。このとき空間的に重要な役割を果たしていたのが旧「甲府藩」邸で、幕臣に編入された家臣団のための屋敷地の受け皿を提供したし、またとくに家宣の「生地」であった下谷の下屋敷は新将軍の正統性を示す「聖地」根津権現へと変貌を遂げることになる。

この新しい政権の構想はしかし家宣とその子家継（いえつぐ）の早い死によって道半ばで終わりを告げ、代わって八代将軍に選ばれたのは紀州徳川家の吉宗（よしむね）であった。彼の場合、出身藩の和歌山藩を解体しなかったために家臣団の幕臣への編入は数の上では限定的であったが、一方で側近層の置き換えは強権的に行われ、屋敷面にもそれははっきり表れた。勝者から一転敗者となった新井白石（あらいはくせき）が場末の屋敷に追いやられながらも、別の屋敷を借りたり買ったりするなどして何年も移転を拒んでいたのは、そうした強権的置き換えへのせめてもの抵抗だったのだろうか。

この吉宗のころから江戸武家地の拡大は飽和状態を迎えつつあり、また無役の幕臣の増加も問題となってきていた。甲府勤番の創設による小普請の移住はこの問題への救済策としての側面をもっていたが、時代が下るにつれてしだいに当初の目的は影をひそめ、流謫（るたく）同然のいわゆる「山流し」と見なされるようになってしまう。江戸の武家地はその外部にさらなる周縁の空間を獲得しつつあったのである。

政権交代にともなう武家屋敷の変動は、大きく見れば以上のような流れとして整理できるが、主体となるのは生身の人間であるから、そのすべてが科学の法則のように合理的に説明できるわけではない。人々はしばしば感情に邪魔されて判断を誤ることもあれば、逆に不合理を承知で大切な人や物のために動くこともある。また偶然の巡り合わせが予期せぬ未来を拓くこともあろう。それだからこそ、屋敷の移動にはその当事者の数だけの「物語」が含まれているともいえる。

幕末の江戸屋敷

最後に幕末の動向についてふれておきたい。嘉永六年（一八五三）、マシュー・ペリー率いる「黒船」が浦賀沖に現れると、これをきっかけに政局はめまぐるしく動いていくが、こと江戸屋敷について見る限りでは、西丸下のような「動きやすい場所」を除いてはその影響はそれほど確認できない。たとえば安政の大獄の強権政治で知られる井伊直弼（近江彦根三〇万石）が大老であった安政五年（一八五八）四月二十三日から七年三月三日までのおよそ二年間、確認できる屋敷拝領件数は六一件にとどまっている。一方で相対替は七倍以上の四五一件もあるから、当時の屋敷の需給は当事者同士のやりとりに多くの部分が委ねられていたことがわかる。

なおこの間には将軍の代替わりもあった。十三代将軍家定の後継者をめぐっては、一橋家の徳川慶喜との激烈な争いのすえに、直弼らの推す和歌山藩主徳川慶福（将軍就任にともない家茂と改名）に決した。安政五年六月二十日、慶福は家定の養子となり、これにともない彼の家臣も幕臣に編入されたが、確認できる編入者は家老の村松武義・菊地備前守ら九人にすぎない。しかも元家老二人が拝領した四谷門外と権田原の屋敷（現新宿区本塩町、港区元赤坂二丁目）はいずれも和歌山藩邸の一部であったし、小納戸になった五人の拝領先は番町の薬園の跡地（現千代田区富士見二丁目）で、うち三人はほどなく相対替を行って希望の場所に移転している。同じ和歌山藩主から将軍となった吉宗のときの強権的な置き換えとは隔世の感がある。

「拝領」の枠組みの形骸化は下層幕臣にとってはいっそう進展していた。江戸の武家地を管理・把握していた屋敷改は拝領者と屋敷地の情報を整理した台帳を作成していたが、このうち安政三年度のものが国立公文書館内閣文庫に残されている（『諸向地面取調書』）。これを見ると、とくに無役の幕臣である小普請二九六一人のうち、自分の屋敷の全部または一部を他人に貸している者は一九九五人、そのうえ自分の拝領屋敷に居住していない（他人の屋敷に同居または借地）者は一三五八人に及んでいたという（宮崎勝美

安政五年時点での徳川家略系図（丸数字は年齢、灰字は故人を示す）

- 一橋2 治済
  - 将軍11 家斉
    - 将軍12 家慶
      - 将軍13 家定㉟ ＝ 将軍世嗣 慶福（家茂）⑬
      - 一橋6 慶昌
    - 和歌山11 斉順
      - 和歌山13 慶福⑬ → 将軍世嗣 慶福（家茂）
    - 名古屋12 斉荘
      - 一橋8 昌丸 ＝ 一橋9 慶喜㉒
    - 津山隠居 斉民㊺
      - 太刀若（康倫）③
  - 田安3 斉匡
    - 福井13 慶永㉛
    - 田安5 慶頼㉛（徳川家達父）

「江戸の土地」）。彼らにとって屋敷とはもはや生計のための現金を捻出する手段でしかなく、奉公に対する御恩としての拝領という観念は喪われつつあった（このような傾向は諸藩の城下町にも共通して確認される。渡辺理絵『近世武家地の住民と屋敷管理』参照）。

江戸と甲府の黄昏

安政七年（一八六〇）三月三日の井伊直弼暗殺後、展開はさらに加速する。文久年間（一八六一～六三）の尊皇攘夷運動の盛り上がり、元治元年（一八六四）からの幕府による長州征討、さらには慶応二年（一八六六）の薩長同盟締結から翌年十月十四日の大政奉還に至る激動についてはもはやここでは詳述しない。この時期の政治の主要舞台は江戸から京都を中心とする上方に移っており、文久三年（一八六三）十月二十六日に上洛のため江戸城を発った将軍後見職徳川慶喜も、その後慶応二年十二月五日に十五代将軍となった後も上方を離れることなく、同四年正月十二日に再び江戸の地を踏んだときには戊辰戦争の敗軍の将となっていた。

慶喜の恭順表明と寛永寺大慈院（現台東区上野桜木一丁目）への謹慎によって天下の趨勢はほぼ決したが、幕府内の抗戦派はなお抵抗の意思を捨てておらず、新撰組局長近藤昌宜（通称勇）らは新政府軍の江戸入りを阻止すべく、三月朔日に甲府城に向けて出陣した（いわゆる「甲陽鎮撫隊」）。ところが寄せ集めの軍ということもあってか進軍は遅れに遅れ、そうこうしているうちに四日から五日にかけて新政府軍に先に城を占拠されてしまう。やむなく鎮撫隊は六日に甲斐勝沼で野戦に打って出るが（現甲州市勝沼町勝沼附近）あえなく潰走し、結果としては江戸での抗戦派の発言力を大きく低下させるだけとなった。もっとも、甲府にいた勤番士や与力同心は新政府軍が来ると聞くや、城はもとより郭内の屋敷からも大慌てで逃げ出すような体たらくであったから（『甲府市史』）、鎮撫隊が甲府城に先に入れていたとしても、当初の目論見どおりに事が運んでいたかはあやしいところである。

三月十三・十四日の勝義邦（号海舟）と西郷隆盛らの会談の結果、四月十一日に慶喜は水戸に向けて江戸を出発、入れ替わるように一〇日後に東征大総督有栖川宮熾仁親王が入府し、江戸城は明け渡された。翌月十五日のいわゆる上野戦争は江戸という都市の最後の幕引きであったろうか、七月十七日に天皇は「江戸ヲ称シテ東京ト為スノ詔書」を発し、以後この都市は新政府の都、東京としての歴史を歩んでいく。九月八日には元号も明治と革まった。

父帰る

そうした激動の一年の暮れ、一人の男がひっそりと東京に足を踏み入れている。かつて「妖怪」町奉行として江戸中の人々に懼れられ、その権謀術数が過ぎた挙げ句に失脚し、弘化二年（一八四五）に讃岐丸亀に流されていた、鳥居耀蔵こと忠耀であった。すでに改易から二三年が経ち、彼の上司も政敵も大半はすでにこの世の人ではなくなっていたが、彼はその並外れた精神力で孤独な日々を生き抜き、維新の恩赦により七十三歳にしてようやく自由を手にしたのである。

十一月十六日に丸亀を発って一〇日目の二十五日、ようやく東京に「帰って」きた忠耀であったが、維新の混乱が続くこの新都には一夜の身の置き場も見当たらず、急遽嫡男成文(なりぶみ)のもとを訪ねている。

成文は忠耀の二男（長男は夭逝）で、かつては小性(こしょう)組、中奥番(なかおくばん)などをつとめていたが、弘化二年に父に連座するかたちで改易されていた（『柳営補任(りゅうえいぶにん)』）。鳥居家の本邸であった下谷長者町の一六〇〇坪余りの屋敷（現千代田区神田練塀(ねりべい)町）はこのとき没収され、跡地は翌年幕臣五人に分割して与えられているので（「屋敷証文」）、浪人となった成文は居所を失ったことになるが、彼の妻は信濃高島藩（三万石）前藩主諏訪忠恕(すわただみち)の三女であったから、こちらの保護を受けていたとみられる。実際、忠耀が成文と二三年ぶりの再会を果たしたのは、渋谷宮益坂(みやますざか)の高島藩下屋敷（現渋谷区渋谷二丁目）であった（『鳥居甲斐　晩年日録』）。成文は慶応三年（一八六七）七月三日に三〇〇俵取りの小普請(こぶしん)として再度召し出され、この年九月二十一日に上野東照宮用掛(ようがかり)取扱に就任していたが（同右）、この間もなお藩邸を居所としていたのであろう。

この日の忠耀の日記には、「父子、孫男女共初めて見、談話団欒深更に及ぶ」（同右）とある。父は帰ってきた。

駿河へ

隠居した徳川慶喜に代わって徳川宗家を継いだのは田安(たやす)家の幼主亀之助(後の徳川家達(いえさと)、十一代将軍家斉の大甥)であった。彼は慶応四年(一八六八)五月二十四日に新政府から駿河府中城を与えられ、駿府藩七〇万石の藩主として新たなスタートをきる。しかし幕府時代の七〇〇万石からの大幅な削減を考えるならば、旗本・御家人合わせて三万人を超えていたかつての幕臣団は到底維持できるはずもなく、藩側が江戸から連れて行くべき家臣として七月ごろまでに選んだのは、陸軍部隊を中心とした計五四〇〇人のみであった(『駿河表え召連候家来姓名録』)。

残る旧幕臣は、新たに朝臣として新政府に仕えるか、あるいは農商業に転じるかの選択を迫られることになったが、そのどちらでもなく、移転の費用や家禄が全く与えられなくても徳川家に従いたいという、いわゆる無禄移住の希望者も多くいた。その結果十一月末時点での調査では、朝臣化済みまたは出願中の者が約三八〇〇人、農商業転向者が三五〇〇人余りであったのに対し、無禄移住者は三九五〇人にのぼっていた(『静岡県史』通史編、資料編)。これは美談とするべきであろうか、あるいは身分への拘泥を示すものとすべきであろうか。

こうして多数の旧幕臣が駿河に移住することになったが、旧幕時代に駿府に住んでいた武士は勤番士三〇人と与力八人、同心二〇人、江戸から派遣された加番(かばん)三人らにすぎなか

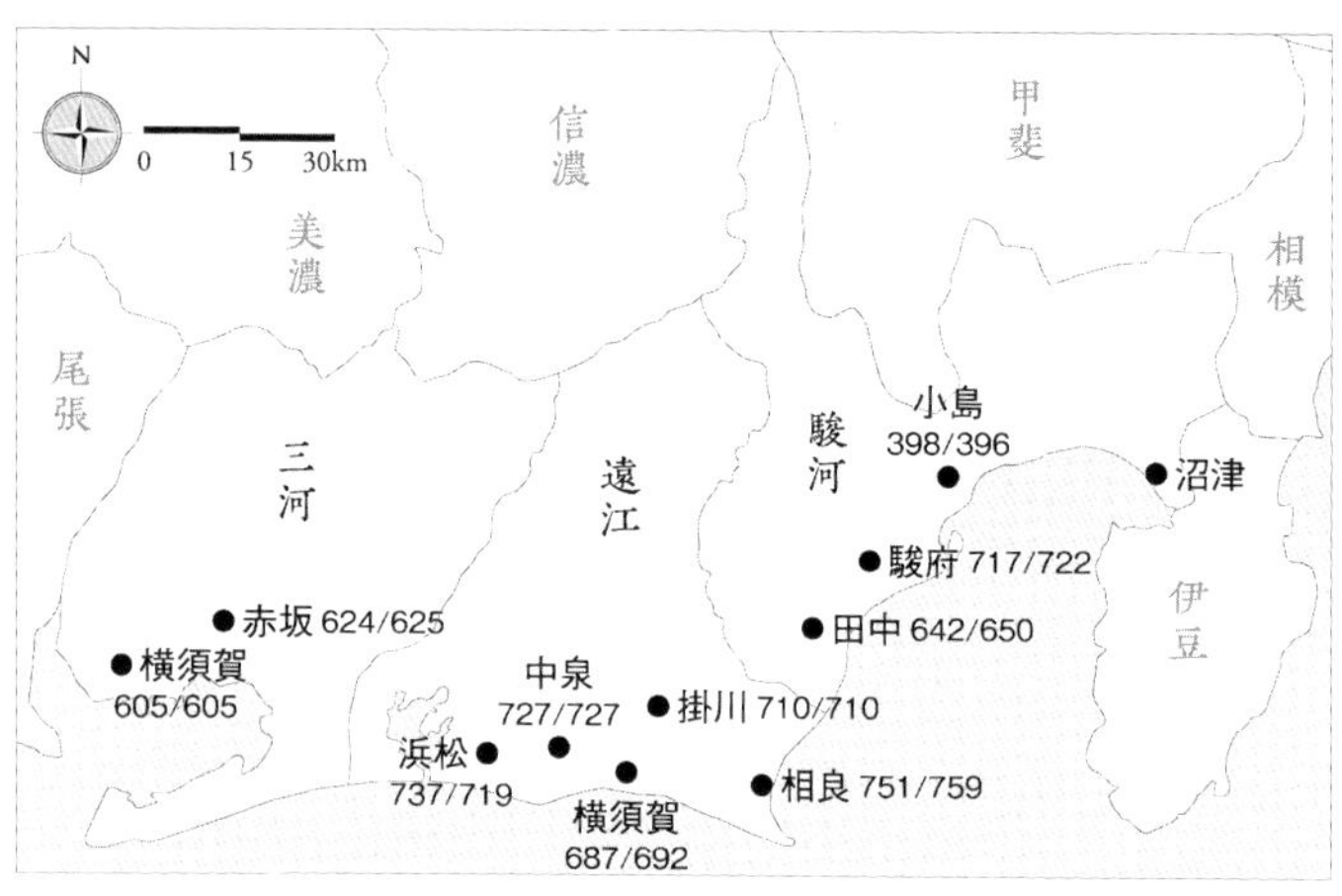

旧幕臣の移住先割り当て（左側の数字は『駿藩各所分配姓名録』〈静岡県立中央図書館所蔵〉，右側の数字は『駿藩名譜』〈同〉に記載される人数を示す）

った。家康から忠長時代までの武家地の跡地は空き屋敷として保全されてはいたものの、更地（さらち）に一から屋敷街を形成することは当時の経済事情からしても決して容易ではなかったし、またその規模も到底全員を収容できるものではなかったから、大半の移住者はひとまず町家や寺院、および村落部の農家などに寄宿することになった（これら移住者の動向については前田匡一郎『駿遠へ移住した徳川家臣団』第一～五編の膨大な成果がある）。

なお先述の通り鳥居成文は上野東照宮用掛取扱をつとめていたため、明治二年（一八六九）に入っても江戸にあったが、これが廃されたため九月十八日に駿河移住の命を受け、年の明けた三年正月六日に江戸を出立している。七十五歳の忠耀もこれに同行した（『鳥居甲斐　晩年日録』）。彼ら父子の移住先も静岡城下（明治二年六月十七日に駿府より改称）ではなく、静岡から東に一五キロほど離れた庵原郡草ヶ谷村（現静岡市清水区草ヶ谷）の源左衛門という百姓の家であった（翌年二月には小島村〈現同区小島〉に転住）。日記では「地主」ともあるから、滞在費を支払って過ごしていたのであろう。

忠耀は寄宿先を拠点として駿河の各地に足を伸ばし、残り少なくなった人生を総括するかのように親類や古い友人たちを精力的に訪ねているが、日記の記録を見ても当時の静岡藩士たちが静岡城下のみならず江尻（現同区江尻町附近）や興津（現同区興津本町附近）、久能（現駿河区根古屋）など各地に分散して居住していたことがわかる。旧幕時代のような首府江戸への拝領屋敷の集中とは大きく異なる実態がそこにはあった。

その後明治四年七月十四日の廃藩置県の断行によって、静岡藩はその短い歴史を終えた。藩知事徳川家達は八月二十八日に東京に向けて静岡を発っており、鳥居忠耀父子にとってももはや駿河にとどまる理由はなくなっていた。明治五年正月二十三日に成文とともに再び東京渋谷の諏訪邸に戻ってきた忠耀は、最後の一年八ヵ月を彼にとって故郷にして異郷となってしまった都で過ごし、翌年十月三日（この年より太陽暦）に七十八歳の波瀾の生涯を静かに閉じている。

拝領の残照

駿河での徳川家家臣の居住が分散寄宿という変則的なかたちをとらざるを得なかったのに対し、皮肉にも近世の拝領システムが最後の残照を見せたのは、新政府治下の東京の方であった。旧幕臣のうち、徳川家の家臣であることを選んだ者の屋敷は新政府によって召し上げられたものの、朝臣となることを選択した者については最低限の拝領屋敷が安堵されており、ストックはなお活用されていたのである。

東京の武家屋敷地はそれまでの幕府（幕末期は作事奉行所が所管）にかわって東京府（府屋敷改）がその管理を担うことになった。明治二年（一八六九）五月に行政官が提示した府下の武家地処理の方針は、拝領屋敷を限定すること、そして武家と町人の混住を制限することを主眼としていたという（横山百合子『明治維新と近世身分制の解体』）。むろんそこで生み出された空き屋敷は新政府の官庁用地に宛てられるか、新たな「拝領」者として東京にやって来た朝臣たちに与えられることになった。「拝領屋敷」の枠組みは、授受の主体が代わっただけで維新後もなお維持されたし、それどころか武家と町人の混住制限に見られるように、むしろ土地と住民の身分を一致させるという原則をより徹底させるような志向性すらもっていた。すでにふれたように、幕末の江戸の武家屋敷では屋敷の貸借・実質的売買や拝領地外居住などの逸脱行為が少なからず見られたことを思うと、時間が逆戻りしたような観すらある。

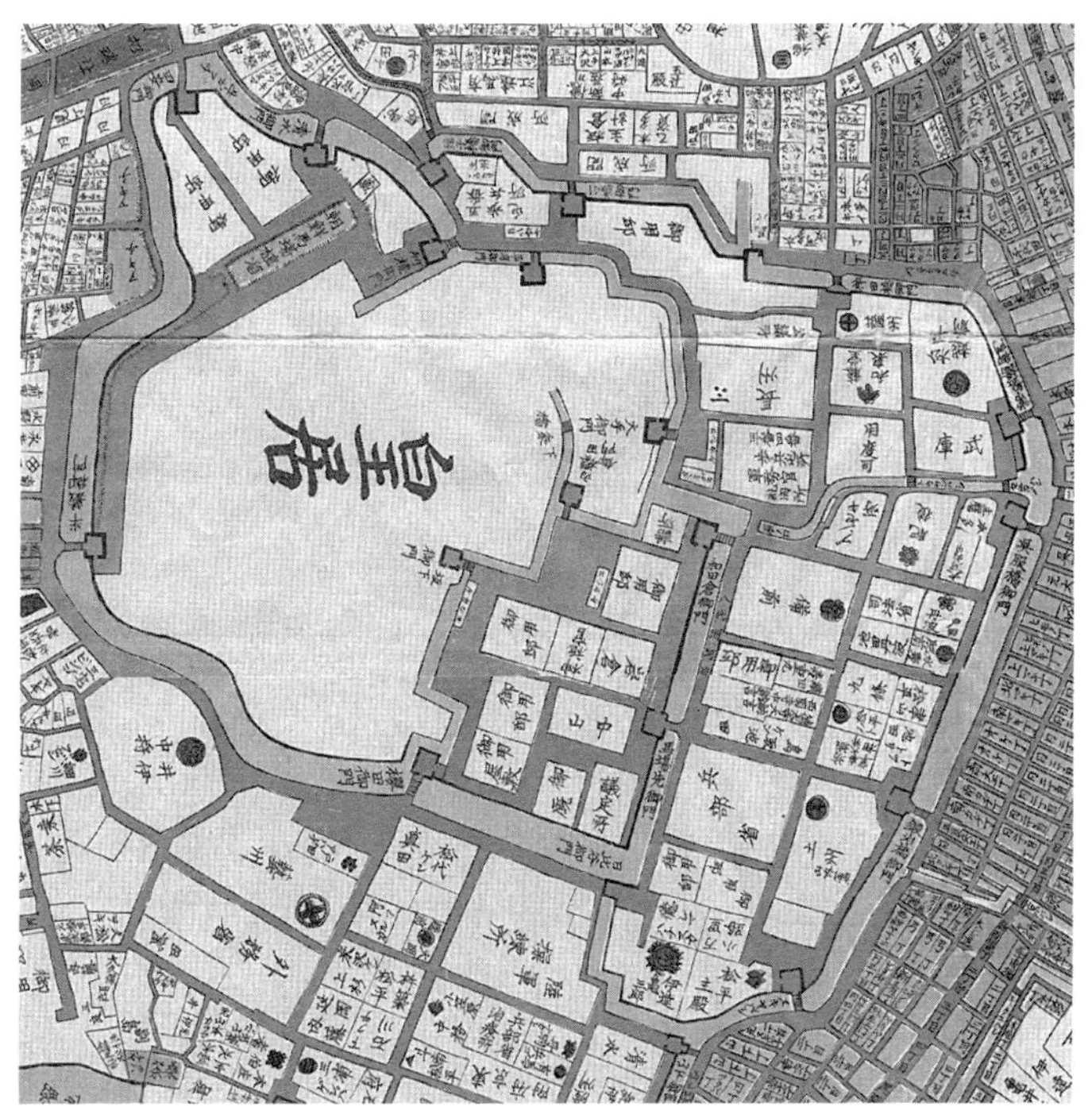

明治4年8月改正「東京大絵図」中心部

（人文社復刻図より．西丸下の武家屋敷群は公家屋敷や官庁に置き換えられた一方で，近世を通じて不変であった大名小路の池田〈「備前」〉・細川〈「肥後」〉・山内〈「土州」〉・戸田屋敷はこの時点でもなお維持されていることがわかる）

けれどもやはりそれは消える寸前の蠟燭の炎であった。身分制の近代的再編という方針はやがて限界を露呈し、新政府は明治四年四月に一転して四民平等にもとづく戸籍法導入へと舵をきる。そして同年の廃藩置県の断行、五年からの地券（土地の所有権を示す証券のこと）発行、六年の地租改正法制定という一連の流れを通して、身分制にもとづく統治の枠組みは社会的にも空間的にも解体されていくことになる。

こうして「拝領」は、その歴史的使命を終えた。土地には私的な所有権が認められ、人々は原理的には金さえあれば希望する土地を手に入れてそこに住むことができ、また自己の意思に反して追い立てられることもなくなった。それはある意味で「自由」の獲得であったし、問題もあるとはいえ、そうした近代的所有制自体を否定することは現実的ではない。

ただ同時に考えなければならないことは、われわれが「ある」ことと、われわれが「いる」ことの関係がその過程でいかに変わっていったかという問題である。いまのわれわれは、自身の社会的なありようがどうあれ、それとは独立して（無関係に）望みの場所にいる（住まう）ことが可能になったが、その結果われわれは何を得て、何を失ったのだろう。小綺麗な家は手にしたけれども「住まう」ことに対してどこか方向性を見失いつつあるように見える現代人にとって、もしひとつの手がかりがあるとすれば、それはかつてたくさんの拝領者のそれぞれが「この場所にいること」に対して感じていたはずの痛切なまでの意味を思い出すことなのではないか。「拝領」が歴史の暗闇から救い出されることがあるとすれば、そのときであろう。

あとがき

吉川弘文館の斎藤信子さんから本書執筆のお誘いを受けたのはもう四年近く前になるだろうか。当時私は博士論文を著書『近世都市空間の関係構造』（吉川弘文館、二〇〇八年）としてまとめているころであったが、そのうちの武家地に関する部分をふくらませて一般の読者向けに書き改めてみませんかということだったかと思う。ありがたいお話であったし、またその後幸いにも科学研究費補助金若手研究（B）「幕藩体制期の政治変動にともなう武家地の空間的変容に関する研究」（平成二十一〜二十三年度）が採択されたこともあり、これを機に幕府政治と武家地空間の関係について、近世を通してその大きな流れを素描してみたいと意気込んでお引き受けしたはいいものの、実際にとりかかってみるとその道のりは長かった。

まず基礎的分析としてやらなければならなかったのは、「屋敷証文」などから判明する屋敷拝領動向の整理であった。史料に記される屋敷地の新旧拝領者を系譜類と照合してその実名、家禄高、役職履歴などを調べ、また場所を絵図で確認し、位置を比定するという作業を記事一つ一つについて行い、データベースにまとめていった。これは莫大な時間を要する実に単調な作業であったが、データを丹念に見ていくと、一見何気ない屋敷の動きのなかから拝領をめぐる大小の物語がおぼろけながら浮かび上がってきて、それらと古記録、地誌、絵図などの諸史料とを組み合わせていくことで本書はしだいにかたちをなしていった。

ただしそれを文章として表現することは容易なことではなかった。すでに発表した論文と内容が重なる時代についても、これを機会に再度データの整理と諸史料の読み直しを行い、こうした屋敷拝領をめぐるいくつもの物語をより豊かに叙述したいと試みてはみたが、それは自らの筆力の至らなさを再確認する過程でもあった。

文章に行き詰まったときには、東京をはじめ、静岡・甲府・和歌山などの城下町を訪れ、実際に自分の足で歩いてみたりもした。幕府崩壊からすでに一世紀半近くが経とうとしているいま、町並みに当時の面影を見出すことはもはや難しくなっているけれど、それだけにこの現代に武家地の空間を研究の対象とすることの意味を問い直す必要性を痛感させられた。「建築造形学」という部門に籍を置いているだけに、なおさらそう思う。

まだまだ道半ばという感はあるが、それでもこうして一書をまとめることができたのは、ひとえに多くの方々の支えがあってこそのことである。恩師の伊藤毅先生をはじめ、折りにふれご指導、ご教示くださった先生方、恵まれた職場環境をつくってくださっている京都工芸繊維大学の先生方と職員のみなさん、前著に引き続きすばらしいプロデューサー役をつとめてくださった吉川弘文館編集第二部の斎藤信子さん、製作段階でお世話になった編集第一部の高尾すずこさんに御礼申し上げたい。また私事にわたるが、マイペースな筆者を神奈川から見守ってくれている両親と、日頃から傍で支えてくれている妻にも感謝したい。

そして何より、本書を最後までお読みくださったみなさん、ありがとうございました。

平成二十三年十一月二十九日

岩　本　馨

参考文献

幕政史に関するもの

大嶌聖子「徳川家康の隠居」『日本歴史』第七〇二号（二〇〇六年十一月）
小池　進『江戸幕府直轄軍団の形成』（吉川弘文館、二〇〇一年）
小山譽城『徳川御三家付家老の研究』（清文堂出版、二〇〇六年）
白根孝胤「幕藩制下における御三家付家老の機能と意義――とくに寛永期を中心として」『中央史学』第十八号（一九九五年三月）
辻　達也『江戸幕府政治史研究』（江戸幕府政治史研究、一九九六年）
寺田　登「幕政改革と寄合・小普請対策について」『国史談話会雑誌』第二十三号（一九八二年二月）
深井雅海『徳川将軍政治権力の研究』（吉川弘文館、一九九一年）
福留真紀『徳川将軍側近の研究』（校倉書房、二〇〇六年）
藤田　覚『天保の改革』（吉川弘文館、一九八九年）
藤田　覚『近世の三代改革』（山川出版社、二〇〇二年）
古川貞雄「初期徳川家門大名領知の一考察」『信濃』第二十四巻第五・六号（一九七二年五・六月）
山本博文『寛永時代』（吉川弘文館、一九八九年）
山本博文「統一政権の登場と江戸幕府の成立」歴史学研究会・日本史研究会編『日本史講座』第五巻

（東京大学出版会、二〇〇四年）
横田冬彦「近世武家政権と首都」『年報都市史研究』第九号（山川出版社、二〇〇一年）

人物に関するもの

大石慎三郎『江戸転換期の群像』（東京新聞出版局、一九八二年）
田中善信『芭蕉二つの顔――俗人と俳聖と』（講談社選書メチエ、一九九八年、再刊講談社学術文庫、二〇〇八年）
塚本　学『徳川綱吉』（吉川弘文館、一九九八年）
辻　達也『徳川吉宗』（吉川弘文館、一九五八年）
鳥居正博訓注『鳥居甲斐晩年日録』（桜楓社、一九八三年）
ケイト・W・ナカイ『新井白石の政治戦略』（東京大学出版会、二〇〇一年）
福田千鶴『酒井忠清』（吉川弘文館、二〇〇〇年）
福田千鶴『徳川綱吉――犬を愛護した江戸幕府五代将軍』（山川出版社、二〇一〇年）
福田千鶴『江の生涯――徳川将軍御台所の役割』（中公文庫、二〇一〇年）
福田千鶴『徳川秀忠――江が支えた二代目将軍』（新人物往来社、二〇一一年）
藤井讓治『徳川家光』（吉川弘文館、一九九七年）
藤田　覚『田沼意次』（ミネルヴァ書房、二〇〇七年）
松岡英夫『鳥居耀蔵――天保の改革の弾圧者』（中公新書、一九九一年、再刊中公文庫、二〇一〇年）

三尾　功「紀州時代の徳川吉宗　考証」『和歌山市立博物館研究紀要』第十号（一九九六年）
宮崎道生『新井白石』（吉川弘文館、一九八九年）
村井淳志『勘定奉行荻原重秀の生涯――新井白石が嫉妬した天才経済官僚』（集英社新書、二〇〇七年）

江戸図に関するもの

飯田龍一・俵元昭『江戸図の歴史』（築地書館、一九八八年）
金行信輔「臼杵市所蔵の新出江戸図について」『建築史学』第四十六号（二〇〇六年三月）
黒田日出男『王の身体　王の肖像』（平凡社、一九九三年、再刊ちくま学芸文庫、二〇〇九年）
黒田日出男『江戸図屛風の謎を解く』（角川学芸出版、二〇一〇年）
古板江戸図集成刊行会編『古板江戸図集成』（中央公論美術出版、一九五八年、復刊二〇〇〇年）
近松鴻二「「武州豊嶋郡江戸庄図」の基礎研究」『東京都江戸東京博物館研究報告』第二号（一九九七年三月）

江戸武家地に関するもの

岩淵令治『江戸武家地の研究』（塙書房、二〇〇四年）
岩本　馨「紀州藩士の幕臣化に伴う江戸屋敷獲得動向」『日本建築学会計画系論文集』第五六一号（二〇〇二年十一月、のち岩本『近世都市空間の関係構造』〈吉川弘文館、二〇〇八年〉に再録）

岩本　馨「武家地の空間とその流動性――徳川家宣政権成立期を事例として」近藤和彦・伊藤毅編『別冊都市史研究　江戸とロンドン』（山川出版社、二〇〇七年）
大槻泰士『江戸の町割に関する都市史的研究』（東京大学大学院工学系研究科建築学専攻修士論文〈私家版〉、一九九九年）
岡野友彦『家康はなぜ江戸を選んだか』（教育出版、一九九九年）
渋谷葉子「幕藩体制の形成過程と大名江戸藩邸――尾張藩を中心に」『徳川林政史研究所研究紀要』第三十四号（二〇〇〇年三月）
鈴木賢次「旗本住居の都市における存在様態――敷地規模と住居規模の関係、および両者の家禄高に対する関係について」『建築史学』第二号（一九八四年三月）
宮崎勝美「江戸の武家屋敷地」高橋康夫・吉田伸之編『日本都市史入門　Ｉ空間』（東京大学出版会、一九八九年）
宮崎勝美「江戸の土地――大名・幕臣の土地問題」吉田伸之編『日本の近世』第九巻（中央公論社、一九九二年）
宮崎勝美・吉田伸之編『武家屋敷――空間と社会』（山川出版社、一九九四年）
宮崎勝美『大名屋敷と江戸遺跡』（山川出版社、二〇〇八年）
山端　穂「江戸幕府の拝領武家屋敷下賜の実態」竹内誠監修、大石学編『都市江戸への歴史視座――大江戸八百八町展・武家拝領地・江戸首都論』（名著出版、二〇〇四年）
吉田伸之「近世の城下町・江戸から金沢へ」『日本の歴史別冊　歴史の読み方』第二巻（朝日新聞社、

一九八八年、のち吉田『巨大城下町江戸の分節構造』〈山川出版社、二〇〇〇年〉に再録）
渡辺絵里子「幕臣所持屋敷の画期と諸相」前掲『都市江戸への歴史視座』

和歌山・甲府・駿府に関するもの

伊藤裕久・渡辺洋子「近世甲府城下町の空間形成――中近世移行期の都市空間とその変容」『甲斐中世史と仏教美術』（名著出版、一九九四年、のち伊藤『近世都市空間の原景』〈中央公論美術出版、二〇〇三年〉に再録）
岩本　馨「直轄城下町甲府の都市空間――武家地の分析を通して」『日本建築学会計画系論文集』第五七三号（二〇〇三年十一月、のち前掲『近世都市空間の関係構造』に再録）
笠原正夫『紀州藩の政治と社会』（清文堂出版、二〇〇二年）
寺田　登「甲府勝手小普請について」『国史談話会雑誌』第十九号（一九七八年三月）
寺田　登「駿府勤番について」『地方史静岡』第八号（一九七八年十一月）
平澤勘蔵「甲府勤番支配の成立に関する一考察――主として勤番士の閲歴・系譜を中心に」『法政史学』第二十八号（一九七六年三月）
前田匡一郎『駿遠へ移住した徳川家臣団』第一～五編（前田匡一郎〈第五編のみ羽衣出版刊〉、一九九一年～）
三尾　功『近世都市和歌山の研究』（思文閣出版、一九九四年）
村上　直「甲府勤番支配の成立」『甲斐史学』特集号（一九六五年十月）

著者紹介

一九七八年、北九州市に生まれる
二〇〇〇年、東京大学工学部建築学科卒業
二〇〇六年、同大学大学院工学系研究科博士課程修了、博士(工学)
現在、京都工芸繊維大学大学院工芸科学研究科助教

主要論文・著書

「札所」吉田伸之編『寺社をささえる人びと』(吉川弘文館、二〇〇七年)
「武家地の空間とその流動性」近藤和彦・伊藤毅編『江戸とロンドン』(山川出版社、二〇〇七年)
『近世都市空間の関係構造』(吉川弘文館、二〇〇八年)

歴史文化ライブラリー
340

江戸の政権交代と武家屋敷

二〇一二年(平成二十四)三月一日　第一刷発行

著　者　岩本　馨(いわもと かおる)
発行者　前田求恭
発行所　株式会社　吉川弘文館
東京都文京区本郷七丁目二番八号
郵便番号一一三―〇〇三三
電話〇三―三八一三―九一五一〈代表〉
振替口座〇〇一〇〇―五―二四四
http://www.yoshikawa-k.co.jp/
印刷＝株式会社平文社
製本＝ナショナル製本協同組合
装幀＝清水良洋・渡邉雄哉

歴史文化ライブラリー

1996.10

刊行のことば

現今の日本および国際社会は、さまざまな面で大変動の時代を迎えておりますが、近づきつつある二十一世紀は人類史の到達点として、物質的な繁栄のみならず文化や自然・社会環境を謳歌できる平和な社会でなければなりません。しかしながら高度成長・技術革新にともなう急激な変貌は「自己本位な刹那主義」の風潮を生みだし、先人が築いてきた歴史や文化に学ぶ余裕もなく、いまだ明るい人類の将来が展望できていないようにも見えます。このような状況を踏まえ、よりよい二十一世紀社会を築くために、人類誕生から現在に至る「人類の遺産・教訓」としてのあらゆる分野の歴史と文化を「歴史文化ライブラリー」として刊行することといたしました。

小社は、安政四年(一八五七)の創業以来、一貫して歴史学を中心とした専門出版社として書籍を刊行しつづけてまいりました。その経験を生かし、学問成果にもとづいた本叢書を刊行し社会的要請に応えて行きたいと考えております。

現代は、マスメディアが発達した高度情報化社会といわれますが、私どもはあくまでも活字を主体とした出版こそ、ものの本質を考える基礎と信じ、本叢書をとおして社会に訴えてまいりたいと思います。これから生まれでる一冊一冊が、それぞれの読者を知的冒険の旅へと誘い、希望に満ちた人類の未来を構築する糧となれば幸いです。

吉川弘文館

〈オンデマンド版〉
江戸の政権交代と武家屋敷

歴史文化ライブラリー
340

2022年（令和4）10月1日　発行

著　者　岩本　馨（いわもと　かおる）

発行者　吉川道郎

発行所　株式会社　吉川弘文館
〒113-0033　東京都文京区本郷7丁目2番8号
TEL　03-3813-9151〈代表〉
URL　http://www.yoshikawa-k.co.jp/

印刷・製本　大日本印刷株式会社

装　幀　清水良洋・宮崎萌美

岩本　馨（1978～）

ISBN978-4-642-75740-9